Starks-Sture
VERLAG

Wenn lieben weh tut
Ein Kommunikations-Ratgeber
für Partner in der Borderline-Beziehung
Manuela Rösel

ISBN 978-3-9809496-7-5

4. überarbeitete Auflage
© 2008 Starks-Sture Verlag
Anna Starks-Sture
Elsässer Straße 24, D-81667 München
www.starks-sture-verlag.de

Druck: Advantage Printpool, Gilching

Für meinen Papa und für

Tom

und

für all diejenigen, die unsere Liebe brauchen,

einschließlich uns selbst ...

Wenn lieben weh tut

Ein Kommunikations-Ratgeber für Partner in der Borderline-Beziehung

Manuela Rösel

„Ich weiß, was ich will …

… was du auch immer tust, verzeihn und verstehn,
was ich noch nie vorher im Leben getan,
fang ich jetzt an ...."

(Udo Jürgens – „Ich weiß, was ich will")

... das Kind ist längst erwachsen
und versteckt sich doch im Mann.
Es läuft die Treppe ständig hoch
und kommt nie oben an.

Jede Stufe ist der nächste Wunsch der in Erfüllung geht,
oh, das Kind stellt fest, das ist nicht schön
und schmaler wird der Weg.

Manche jubeln laut, manche schrei'n „spring"
ach, wen kümmert schon die Balance.
Keiner sieht die feinen Angstschweißtropfen,
es bleibt die Flucht in Trance

Halt' mich fest!
Damit von mir mehr übrig bleibt,
als dieser kleine Rest.

Kennst Du den Seiltänzertraum,
ich stürz' ab, doch ich lebe noch.
Dein Netz fängt mich auf
mitten im Schoß, in deinem Schoß.

Noch höher raus
das Gleichgewicht zu halten, saugt mich aus.
Oh, geht das immer so weiter bis zum Dessert
beim eigenen Leichenschmaus.

Ich bin im falschen Film mit völlig falschem Sinn
schalt ihn ab, wo ist der Knopf.
Oh, bitte hilf mir, hilf mir, wann endlich
macht es „Klick" in meinem Kopf.

Weck mich auf!
Das Schicksal nimmt zwar seinen,
doch du nimmst meinen Lauf ...

Auszug aus dem „Seiltänzertraum" (PUR)
Mit freundlicher Genehmigung von Live Act Musik (Management PUR)

Inhaltsverzeichnis

5. Von Manipulationen und Grenzen

6. Was ich nicht wahrhaben will

7. Doppelte Botschaften und wie wir sie vermeiden

8. Konkretes – Fragen und Antworten

9. Nach der Trennung

10. Interview

11. Zum Schluss

Vorwort

... wenn lieben weh tut werden oft einfach die Bedürfnisse nicht erfüllt, die wir mit unserem Verständnis von Liebe in Zusammenhang bringen. Unsere Bedürfnisse nach Zärtlichkeit, Nähe, Wahrgenommen werden oder Wertschätzung werden nicht erfüllt und wir reagieren enttäuscht, traurig, voll Angst und Frustration, es tut weh. Wenn wir uns damit nicht zufrieden geben, uns selbst und die Umstände hinterfragen, haben wir die Chance zu erkennen, dass die Verantwortung für die Erfüllung dieser Bedürfnisse allein bei uns liegt. Niemand anderes ist dafür verantwortlich, auch nicht der Partner, von dem wir erwarten, dass er ihnen zu entsprechen hat. Zumeist auch noch, ohne dass wir in der Lage sind uns zu artikulieren und klar auszusprechen was wir brauchen. Diese Fähigkeit selbstverantwortlichen Handelns ist die Basis jeder Beziehung, im Umgang mit der Borderline-Problematik aber unabdingbar. Die Voraussetzung für die Beziehung zu einem Menschen der an der Borderline-Symptomatik leidet, ist also in erster Linie die Fähigkeit, sich selbst zu lieben, sich und andere bewusst wahrnehmen zu können und diese Fähigkeiten so einzusetzen, dass sie verbindend wirken.

Dieses Buch konzentriert sich hauptsächlich auf die Menschen, die in einer partnerschaftlichen Beziehung zu einem Betroffenen stehen und emotional stark involviert sind oder waren. Es bietet ihnen die Chance, zu hinterfragen, die Perspektive der Problematik zu ändern und auf diesem Weg Lösungsmöglichkeiten zu finden, die vorher nicht wahrgenommen wurden. Natürlich können auch Eltern, Verwandte, Kollegen oder Freunde von hier aufgezeigten Kommunikationstechniken profitieren. Mir liegt aber ganz besonders der Mensch am Herzen, der sich hilflos in einem Strudel von Gefühlen und Irritationen gefangen sieht und letztendlich mit seiner Last allein da steht, da sich die Umwelt oft entweder desinteressiert oder ungläubig zeigt. Mitunter ist für den Partner die Situation selbst unverständlich, er übernimmt oft bereitwillig die Verantwortung für die von der Borderline-Persönlichkeit nach außen getragenen Spannungen und ist kaum noch in der Lage, sich differenziert und als eigenständige Persönlichkeit wahrzunehmen. Hilfe erhält, im günstigen Fall der Diagnose und Akzeptanz, mitunter der Betroffene, aber was ist mit dem Partner? Der Frau oder dem Mann, die dem Betroffenen zur Seite stehen wollen und sich selbst immer mehr im Chaos der Borderline-Symptomatik verlieren? Wer hilft ihnen, eigene Anteile wahrzunehmen, den Bezug zu sich selbst und der eigenen Stabilität nicht zu verlieren? Letztendlich ist auch dem Erkrankten nur dann geholfen, wenn ein stabiler Partner an seiner Seite, in der Achterbahnfahrt der Gefühle, nicht die Orientierung verliert.

Die Borderline-Persönlichkeit lebt in einer Welt der Instabilität. Oftmals passen sich die Partner aufgrund eigener Persönlichkeitsdefizite dieser Instabilität an und verlieren mit der Zeit immer mehr den Zugang zu ihrer eigenen

Identität. Zumeist sind sie nicht in der Lage, eigene Bedürfnisse wahrzunehmen, Grenzen zu setzen und somit auf ihre persönliche Gesunderhaltung und Stabilität zu achten. Sie entwickeln für sie destruktive Verdrängungsmechanismen und Strategien, um den Menschen, der ihnen nahe steht, durch das Chaos seines Lebens zu begleiten. Oder sie geben auf, weil sie sich der Situation nicht gewachsen fühlen und keine umsetzbaren Hilfen erfahren, um sich danach mit Schuld- und Versagensgefühlen zu quälen. Genau hier soll dieses Buch eine konkrete Hilfe bieten. Denn nicht die selbstlose, geduldige und aufopfernde Haltung der Partner ist hilfreich, sondern deren bewusste, verständige und auch konsequente Stabilität. Das Verstehen von Hintergründen, das Erfahren eigener Anteile und das Erfassen von Zusammenhängen, sind hier von größter Wichtigkeit. Ganz besonders betonen möchte ich dabei, dass nur derjenige seinen destruktiven Konfrontationen entkommen kann, der bereit ist, an **SICH** zu arbeiten. In meiner Praxis begegnen mir immer wieder Menschen mit dem Anliegen: „Machen Sie, dass ich es erreiche, dass mein Mann, mein Kind, meine Freundin, mein Chef ... sich ändern." So etwas ist nicht möglich. Einzig und allein **ICH** kann **MICH** ändern und damit auch meine Art mit mir und anderen umzugehen und in der Resonanz dessen, auch andere kommunikative Muster und Ergebnisse zu erhalten.

Es liegt in **MEINER** Selbstverantwortung für **MICH** zu sorgen und einzustehen. Wer von diesem Buch eine Gebrauchsanweisung erwartet die den Partner ändert, wird keine Hilfe erfahren können.

Ein Teil dieses Buches wird sich, da es der Verständlichkeit halber nötig ist, mit der Erläuterung der Thematik „Borderline-Syndrom" befassen. Neben dem in die Tiefe gehenden Betrachten wichtiger, zentraler Themen, werden auch kommunikative Zusammenhänge verdeutlicht. Ich werde Sie mit interessanten Kommunikationsmöglichkeiten und -techniken auf der Basis der Gewaltfreien Kommunikation nach M. B. Rosenberg bekannt machen, die es ermöglichen, scheinbar manipulierenden oder Double-Bind getragenen Konfrontationen zu begegnen und Grenzen zu setzen. Zentral aber werde ich Sie als Partner dabei begleiten, zu erfahren, welchen Anteil Sie an dieser Beziehung haben, welche Potentiale Ihnen zur Verfügung stehen, wie Sie sich und Ihren erkrankten Partner besser wahrnehmen und beistehen können. Sollten Sie eine derartige Beziehung hinter sich gelassen haben, werden Sie Möglichkeiten finden, diese zu verarbeiten, da die Intensität der emotionalen Bindung und das Gefühl der Hilflosigkeit und des Versagens oft posttraumatische Konsequenzen in sich tragen.

Manuela Rösel, Berlin, im November 2007

Einleitung

Die Borderline-Persönlichkeitsstörung ist in ihrem Kern eine Störung, die sich durch einen stark unzureichenden Zugang zu eigenen Bedürfnissen und somit der eigenen Identität kennzeichnet. Extrem ausgeprägte Emotionen signalisieren dem Betroffenen Defizite, ohne dass dieser jedoch in der Lage ist, die dahinter stehenden Bedürfnisse zu identifizieren. Die Konsequenz dessen ist die Unfähigkeit, bedürfnisangepasste Strategien zu entwickeln. Daraus ergeben sich permanente intrapsychische und interpersonelle Spannungen, aus denen sich eine Spirale an Konflikten ergibt. Die Auseinandersetzung mit diesen, macht zum einen eine gewisse Frustrationstoleranz und zum anderen eine Objektkonstanz nötig. Da beides nicht gegeben ist, entwickeln sich die als typisch bezeichneten aggressiven Verhaltensweisen, deren Hintergrund eine tiefe ständige Angst vor dem Verlassenwerden beinhaltet. Hier potenziert sich Hilflosigkeit in Destruktivität und stößt jene ab, die so verzweifelt gebunden und gehalten werden sollen.

Erfährt die Borderline-Persönlichkeit Hilfe in Form einer klinischen oder ambulanten Psychotherapie, ist sie darauf angewiesen, Fortschritte und seien diese auch noch so gering, wahrzunehmen. Ein Teil der Borderline-Persönlichkeit verlangt die permanente Selbstversicherung, etwas erreicht zu haben. Sie ist nicht in der Lage, sich in ihrer Gesamtheit wahrzunehmen. Sie sieht sich nicht als Summe ihrer Erfolge und Erfahrungen, sondern muss sich ihrer Leistung und akzeptierten Präsenz ständig aufs Neue vergewissern. Je nachdem, wie sie sich dabei wahrnimmt, ob sie mit dem Ergebnis zufrieden ist oder nicht, wechselt ihre Stimmung und die nach außen sichtbare Verhaltensweise.

In welcher Situation erfährt sich nun der Partner oder Angehörige, der ,ausgeschlossen von den therapeutischen Maßnahmen, gar nicht oder unzureichend auf die zögerlichen und oft kaum wahrnehmbaren Fortschritte reagiert? Hier benötigt er selbst eine Begleitung, die ihm Umstände begreiflich macht, das Selbstbild stärkt und eine Reflektion zulässt, die für die Borderline-Persönlichkeit unterstützend ist. In diesem Zusammenhang ist es auch dieser dann möglich, einen Fortschritt zu registrieren und sich für eine weitere Arbeit zu motivieren.

Da die Abbruchrate der Therapien sehr hoch ist, schätzungsweise bei 50%, ist es von zentraler Wichtigkeit, dass Angehörige lernen, unterstützende Stabilität zu entwickeln, um die emotionale Achterbahnfahrt in ruhigere und sicherere Bahnen zu geleiten. Die Voraussetzung dafür ist die Fähigkeit der Selbstwahrnehmung und -achtung, die Möglichkeit eigene Bedürfnisse wahrzunehmen und zu realisieren und dabei die innere Stabilität und Gesunderhaltung zu sichern.

1. Begriffsklärungen

Der Begriff Borderline

... wurde Ende der 30er Jahre von dem amerikanischen Psychoanalytiker William Louis Stern eingeführt und charakterisierte psychische Beeinträchtigungen, die zwischen Neurose und Psychose schwanken. Die Borderline-Störung bezeichnete also ursprünglich eine bestimmte Gruppe von Störungen an der Grenzlinie (Borderline) zwischen Neurose und Psychose.

Mit der Zeit entwickelte sich allerdings die Erkenntnis, dass diese Störungen in ihrer Gesamtheit als Persönlichkeitsstörung zu sehen sind, womit der Begriff Borderline zwar seine inhaltliche Bedeutung verlor, aber trotzdem beibehalten wurde. Heute wird die Borderline-Störung als eigenständiges Krankheitsbild gesehen, welches sich unter anderem über die Instabilität von Gefühlen und Verhalten definiert.

Nach dem ICD 10 (Internationale Statistische Klassifikation der Krankheiten, WHO) ist die Borderline-Störung eine Unterform der so genannten „emotional instabilen Persönlichkeitsstörungen". Die Betroffenen neigen dazu, Impulse ohne Berücksichtigung von Konsequenzen auszuagieren und leiden unter häufigen Stimmungsschwankungen. Ihre Fähigkeit vorauszuplanen ist gering und Ausbrüche intensiven Ärgers können zu explosivem, manchmal gewalttätigem Verhalten führen. Zudem sind das Selbstbild und die Zielvorstellungen unklar und gestört. Die Neigung zu intensiven, aber unbeständigen zwischenmenschlichen Beziehungen, kann zu wiederholten emotionalen Krisen mit Suiziddrohungen/-versuchen oder selbstschädigenden Handlungen führen.

Eine Borderline-Störung liegt mit großer Wahrscheinlichkeit vor, wenn ein Mensch unter **mindestens fünf der folgenden neun Symptome leidet** (Diagnostisches und Statistisches Manual psychischer Störungen – DSM-IV):

1. Symptom: Selbstschädigende Verhaltensweisen

Die Borderline-Persönlichkeit neigt zu Impulsivität bei potentiell selbstschädigendem Verhalten. Typisch sind z. B. Alkohol- und Drogenmissbrauch, sexuelle Promiskuität, Spielsucht, Kleptomanie und Essstörungen. Diese Impulsivität steht in engem Zusammenhang mit anderen Symptomen. Sie kann z. B. aus den Frustrationen einer gestörten Beziehung entstehen, Ausdruck von Stimmungsschwankungen oder Zornausbrüchen sein oder der Versuch, die Gefühle von Einsamkeit und Trennungsangst zu betäuben.

2. Symptom: Starke Stimmungsschwankungen

Die Grundstimmungen der Borderline-Persönlichkeit sind häufig überaktiv oder pessimistisch. Von dieser Grundstimmung lassen sich jedoch auffällige Stimmungsschwankungen in Richtung Depression, Reizbarkeit oder Angst beobachten. In nur zwei Minuten von „himmelhoch jauchzend" bis „zu Tode betrübt" – treffender lassen sich die Stimmungsschwankungen von Borderline-Patienten kaum charakterisieren. Dabei sind die Betroffenen sich aufgrund ihrer gestörten Persönlichkeit der raschen Stimmungswechsel zwischen Euphorie und Depression kaum bewusst. Sie reagieren oft unmittelbar auf plötzliche Impulse und können Wut schlecht kontrollieren. Die Stimmungsschwankungen sind in der Regel von kurzer Dauer und halten meist nur ein paar Stunden oder ein paar Tage an.

3. Symptom: Unbeständige und unangemessen intensive zwischenmenschliche Beziehungen

Menschen mit der Borderline-Störung führen meist unbeständige und unangemessen intensive Beziehungen zu anderen Menschen. Diese zeichnen sich durch extreme Verschiebungen der Einschätzung des Beziehungspartners, die zwischen Idealisierung und Abwertung schwankt, und ständige Versuche, den Beziehungspartner zu manipulieren, aus.

Die Intensität der Beziehungen ergibt sich aus der Intoleranz der Borderline-Persönlichkeit gegenüber Trennungen, ihre Unbeständigkeit aus fehlender „Objektkonstanz". Kleinstkinder erwerben mit der Fähigkeit der Objektkonstanz das Wissen darum, dass die Mutter auch dann existiert, wenn sie nicht anwesend ist. Diese Fähigkeit vermeidet anhaltende Stress- und Angstzustände beim Kind, das ja ohne Mutter nicht lebensfähig wäre. Für eine Borderline-Persönlichkeit bedeutet das Fehlen der Objektkonstanz, die Unfähigkeit seine Bezugspersonen auch dann als zugewandt zu erleben, wenn sie als eigenständige Menschen, mit individuellen Gefühlen, Bedürfnissen und Verhaltensweisen auftreten. Diese Eigenständigkeit ihrer Partner erleben Borderline-Persönlichkeiten als nicht tolerierbaren Widerspruch. Andere Ansichten oder Verhaltensweisen erschienen bedrohlich und werden als nicht mehr zugewandt wahrgenommen. Die Borderline-Persönlichkeit entwickelt eine Abhängigkeit zum Partner und idealisiert ihn, solange dieser ihre Bedürfnisse befriedigt. Erfährt sie Zurückweisung oder Enttäuschung verfällt sie jedoch ins andere Extrem und wertet den Partner ab, ohne sich jedoch von ihm trennen zu können. Dann eskaliert das manipulierende Verhalten des Betroffenen, er zeigt sich schwach und hilflos, neigt z. B. zu Hypochondrie, Masochismus, Selbstverletzungen und Suiziddrohungen bzw. Suizidversuchen.

4. Symptom: Unangemessene Zornausbrüche

Borderline-Persönlichkeiten neigen zu häufigen Zornausbrüchen, die in ihrer Intensität oft nicht oder kaum kontrolliert werden können und zeitweilig auch zu körperlicher Gewalt führen. Diese Zornausbrüche stehen in ihrer Intensität in keinem Verhältnis zu den auslösenden Ereignissen und basieren vielmehr auf einer massiven Angst vor Enttäuschung und dem Verlassenwerden.

5. Symptom: Selbstverletzungen, Suizidversuche

Borderline-Persönlichkeiten suchen Entlastung von einem extremen inneren Druck. Weil sie diese Entlastung im Alltag nicht finden, zerschneiden sie sich die Arme, drücken Zigaretten auf ihrem Körper aus, verweigern die Nahrungsaufnahme oder essen bis zum Brechanfall und schlucken Alkohol und Tabletten bis zur Besinnungslosigkeit.

Wiederkehrende Suiziddrohungen/-versuche und Selbstverletzungen zählen ebenfalls zu den typischen Borderline-Symptomen. Sie finden ihren Ausdruck z. B. in selbst beigebrachten Schnitt- und Stichverletzungen an Gliedmaßen, Rumpf und Genitalien oder durch Exzesse mit Drogen, Alkohol und Nahrungsmitteln. Meist beginnt die Selbstverletzung als impulsive Selbstbestrafung, entwickelt sich aber nach und nach zu einem einstudierten und ritualisierten Verhalten. Suiziddrohungen/-versuche und Selbstverletzungen sind unterschiedlich motiviert und können z. B. wie folgt interpretiert werden:

➤ Versuch, erlittenen psychischen Schmerz mitzuteilen
➤ Hilferuf
➤ Selbstbestrafung
➤ Bestrafung nahestehender Menschen
➤ Ablenkung von anderen Leidensformen
➤ Abbau von Angst, Zorn oder Traurigkeit (als Entspannungstechnik).

6. Symptom: Fehlen eines klaren Ich-Identitätsgefühls

Borderline-Persönlichkeiten leiden unter einer andauernden Identitätsstörung die sich z. B. auf die Bereiche Selbstbild, sexuelle Orientierung, Berufswahl, langfristige Ziele, Wertesystem und Art der gewünschten Partner/ Freunde erstrecken kann. Sie fühlen sich z. B. in ihrer Rolle als Mann oder Frau nicht wohl, meinen, nicht liebenswert und einfach nur nutzlos zu sein.

Den Betroffenen fehlt deshalb ein konstantes Identitätsgefühl, sie akzeptieren ihre Eigenschaften wie Intelligenz und Attraktivität nicht als konstantes Gut, sondern als Eigenschaften, die immer wieder neu verdient und im Vergleich mit anderen beurteilt werden müssen. Das Selbstwertgefühl und die Fähigkeit zur Selbstachtung basieren bei der Borderline-Persönlichkeit deshalb nicht auf in der Vergangenheit erbrachte Leistungen, sondern auf aktuelle (Miss-)Erfolgserlebnisse und Feedback durch Dritte. Daraus resultieren oft übermäßiges Engagement und ein unrealistisches Streben nach Perfektion (mit entsprechenden Misserfolgserlebnissen), aber auch der häufige Wunsch nach Veränderung im Berufs- und Privatleben.

7. Symptom: Chronische Langeweile und Leere

Borderline-Persönlichkeiten leiden oft unter chronischen Gefühlen von Leere und Langeweile. Diese Emotionen werden sehr intensiv, meist verbunden mit körperlichen Empfindungen (z. B. Druck im Kopf, Spannungen in der Brust) erlebt. Die Suche nach Erleichterung von diesen belastenden Emotionen endet für die Betroffenen oft in impulsiven und selbstschädigenden Handlungen oder in enttäuschenden Beziehungen.

8. Symptom: Verzweifelte Bemühungen, die reale oder eingebildete Angst vor dem Verlassenwerden zu vermeiden

Wenn Borderline-Persönlichkeiten allein sind, verlieren sie aufgrund ihrer gestörten Ich-Identität häufig das Gefühl für die Realität ihrer Existenz. Erschwerend kommt hinzu, dass sie oft auch vorübergehendes Alleinsein als dauerhafte Isolation wahrnehmen. Borderline-Persönlichkeiten erleben deshalb immer wieder starke Angst vor dem Verlassenwerden durch nahestehende Personen. Diese Angst motiviert die Betroffenen zu verzweifelten Bemühungen, dieses Verlassenwerden zu vermeiden. Dabei greifen sie auch zu extremen Mitteln (z. B. Selbstverletzung, Suizid-versuche), um den nahestehenden Menschen unter Druck zu setzen und führen auch schädliche Beziehungen (z. B. mit Gewalt-/Missbrauchs-erlebnissen) bis zur völligen Selbstaufgabe fort. Werden Borderline-Persönlichkeiten trotz dieser Bemühungen verlassen, durchleben sie meist intensive emotionale Krisen, in deren Verlauf die hier beschriebenen Symptome oft sogar noch verstärkt auftreten.

9. Symptom: Stressabhängige paranoide Phantasien oder schwere dissoziative Symptome

In schwierigen, unerträglichen Situationen gelangen Borderline-Persönlichkeiten in „dissoziative", hypnoseähnliche Zustände. Borderline-Persönlichkeiten leiden gelegentlich auch unter psychotischen Episoden. Möglich sind beispielsweise pseudo-halluzinatorische Erlebnisse, Störungen in der Körperwahrnehmung und auf den Konfliktbereich beschränkte Denk- und Wahrnehmungsstörungen. Diese treten meist als Folge emotionaler Erregung auf und gehen, auch ohne Behandlung, in der Regel nach wenigen Stunden oder Tagen vorüber. Die Borderline-Persönlichkeiten erleben diese Episoden als ich-dyston (ich-fremd).

Bitte bedenken Sie, dass nicht jede Borderline-Persönlichkeit unter allen Symptomen leidet und diese bei jedem Betroffenen andere Ausprägungen annehmen können!

Was ist eigentlich eine Identitätsstörung?

Was genau verbirgt sich hinter dem Begriff Identität? Dies lässt sich durch eine einfache Frage am ehesten definieren:

Wer bin ich?

Identität wird als Gefühl von Gleichheit und Beständigkeit erfahren. Der Begriff dient der Bezeichnung eines Gleichgewichts, einer Einheit zwischen dem Bild, das der Mensch von sich selbst hat und den sozialen Anforderungen und der Anerkennung im sozialen Umfeld. Die Ausbildung der Identität ist eine der wichtigsten Aufgaben im Prozess der menschlichen Entwicklung (Individuation). Danach muss der Mensch in der Beziehung mit anderen (Interaktion) lernen, einen Ausgleich zwischen seinen eigenen Bedürfnissen und Interessen und denen seiner Bezugspersonen herzustellen. In einem lebenslangen Prozess wird dabei Identität entwickelt, gefestigt und verändert.

Der Begriff Identität besagt, dass ein Mensch zu einer geschlossenen Einheit heranwächst. Erst der innere Gleichklang ermöglicht ihm ein wirkungsvolles Auseinandersetzen mit seiner sozialen Umwelt. Inmitten des Wechsels der eigenen Entwicklung und den Veränderungen der Umwelt dieselbe Person zu bleiben, macht Identität aus.

Durch sie definiert sich eine Person als einmalig und unverwechselbar und zwar in zweierlei Hinsicht: durch sich selbst und durch die soziale Umgebung. Was mich als Individuum wirklich ausmacht, hinterfrage ich also mit:

➤ Wer bin ich? (Die Person, für die ICH mich selbst halte.) und
➤ Wer bin ich für andere? (Die Person, für die ANDERE mich halten.)

Da Identitätsfindung ein lebenslanger Prozess ist, stellt sich jeder Mensch immer wieder diese Fragen und konfrontiert sich mit dem, was ihn ausmacht, und mit dem, wie andere ihn daraufhin reflektieren. Die dabei entstehenden inneren Konflikte erzeugen immer wieder Spannungen, die, im Fall, dass sie nicht wahrgenommen und gelöst werden, leicht auf andere projiziert werden. So kann es zu intrapersonellen (inneren) und, als Erweiterung, zu interpersonellen (zwischenmenschlichen) Konflikten kommen.

Eine konstante Identität bedeutet auch, die Fähigkeit zu besitzen, völlig unabhängig von dem Urteil und den Bewertungen anderer zu agieren. Das Vertrauen auf eigene Instinkte und die Fähigkeit, selbstverantwortlich und unabhängig zu handeln, macht frei von der Resonanz durch andere. Die Borderline-Persönlichkeit zeigt sich abhängig vom Feedback ihrer Mitmenschen, je nach deren Spiegelung erfährt sie sich als wertvoll oder wertlos und entsprechend der Reflektion idealisiert oder entwertet sie die entsprechenden Feedback-Geber. Diese als Schwarz-Weiß-Denken bezeichnete Verhaltensweise betrifft insbesondere eben die Menschen, welche die Borderline-Persönlichkeit begleiten.

Partner und Angehörige ...

Die Gruppe der Angehörigen unterteilt sich in diejenigen, die diese Beziehung frei gewählt haben (Partner) und in diejenigen, die durch verwandtschaftliche Bindung in einer Beziehung zu dem Betroffenen stehen (Eltern, Kinder, Geschwister ...).

Die Rolle des Partners ist von der des Angehörigen, der in einem verwandtschaftlichen Bezug zu dem Betroffenen steht, zu unterscheiden. Die Beziehung wurde durch den Partner frei gewählt, wohingegen Angehörige wie Eltern, Geschwister oder Kinder im Gegensatz zum Partner nicht oder nur eingeschränkt ausweichen oder die Beziehung beenden können. Diese Differenzierung ist notwendig, da jeder dieser Personenbereiche, trotz einer gewissen Grundproblematik, mit unterschiedlichen Problemen konfrontiert ist.

Partner von Borderline-Persönlichkeiten haben die Beziehung frei gewählt. Dies heißt nicht, dass sie auf Grund dieser Wahl „Schuld" tragen an dem für sie destruktiven Beziehungsverlauf. Allerdings haben sie sehr wohl die Möglichkeit, ihrer Selbstverantwortung eher gerecht zu werden. Als erwachsene Menschen sollten sie in der Lage sein, für sich selbst zu sorgen und dafür auch die Verantwortung tragen zu können. Dies schließt auch die Fähigkeit ein, zerstörerische Beziehungsmuster zu erkennen und entsprechende Konsequenzen zu ziehen. Hier findet sich zum einen eine Ressource, zum anderen aber auch ein oftmals belastender, isolierender Hintergrund. Die innerhalb der Beziehung entstehende emotionale Belastung wird oft von der Umwelt ungenügend reflektiert. Auf der Suche nach Hilfe in Form von Empathie und verständiger Unterstützung erfahren Partner oft eher Verständnislosigkeit, Zurückweisung oder Desinteresse. „Dann trenn dich doch" oder „selbst schuld, wenn du dir das bieten lässt", hinterlassen allenfalls Isolation und Hilflosigkeit. Mangelnde Selbstwahrnehmung, fehlende Resonanz der Umwelt und der verantwortungszuweisende Einfluss der Borderline-Persönlichkeit verstärken diese Gefühle noch und forcieren eine zerstörerische Entwicklung der Beziehung sowie der beteiligten Individuen.

„Es gibt Tage, da fühle ich mich völlig isoliert. Es gibt immer wieder Phasen, da ist Katrin kaum wieder zu erkennen. Sie provoziert Streit und lässt kein gutes Haar an mir, die Drohungen, die sie mir dabei an den Kopf wirft und die Schimpfwörter, machen sie zu einer völlig Fremden. Ich habe nicht mal eine Ahnung, was dann in ihr vorgeht. Diese Ausraster sind manchmal

kaum auszuhalten und es scheint auch immer schlimmer zu werden, wenn ich mich dann zurückziehe oder in einen anderen Raum gehe. Mit ihr reden hat aber auch keinen Sinn, sie lässt sich einfach nicht beruhigen. Sie kommt dann auch oft hinterher und schlägt mit dem Kopf gegen die Wand, wenn ich versuche, ihr auszuweichen. Es würde mir ja schon helfen, wenn ich mich mal jemandem anvertrauen könnte, aber keiner glaubt mir, dass diese attraktive, redegewandte Frau sich so benehmen kann. Entweder heißt es, „na wer weiß, was du wieder gemacht hast" oder „schieß die Frau doch in den Wind, wenn sie nervt". Also so oder so, die Schuld bleibt an mir hängen, das fühlt sich einfach furchtbar an ...". (Frank, 32, Partner in zweijähriger Beziehung zu einer Borderlinerin.)

Eltern von Borderline-Persönlichkeiten sehen sich mit einer Vielzahl komplexerer Probleme konfrontiert. Zum einen basiert ihre Beziehung auf lebenslanger Begleitung, die aus der natürlichen Verantwortung eines Eltern-Kind-Verhältnisses resultiert. Zum anderen ergeben sich im familiären Zusammenleben mit der Zeit Verhaltensweisen, die auf Grund der mitunter allmählichen Entwicklung nicht gleich als einschränkend wahrgenommen werden. Viele Probleme werden, da sie in chronischer Form auftreten, oft als normal angesehen. Das Bedürfnis, innerfamiliäre Schwierigkeiten zu verdecken, ist oft sehr ausgeprägt. Entsprechend leicht entsteht hier co-abhängiges Verhalten (auf den Begriff Co-Abhängigkeit werde ich zu einem späteren Zeitpunkt noch intensiver eingehen), welches die Borderline-Störung eher fördert. Für Eltern ergeben sich so oftmals große Probleme, die Selbstverantwortung ihrer betroffenen Kinder zu fördern und in typischen Konfliktsituationen an diese zurück zu verweisen. Eltern empfinden sich ja natürlicherweise tatsächlich verantwortlich für die Entwicklung ihrer Kinder, wodurch sich der Ablösungsprozess weitaus schwieriger gestaltet und von ständigen Selbstzweifeln auf beiden Seiten begleitet wird. Auch für Eltern ist es schwierig, Unterstützung zu erhalten, da sie von Freunden, Bekannten und Verwandten eher das Signal erhalten ein „missratenes" Kind zu haben und somit selbst für die Situation verantwortlich zu sein, was in der Konsequenz den Wunsch nach Verschleierung nur fördert. Oftmals werden Eltern auch durch beratende Personen, auf Grund fehlender Aufklärung, mit Vorurteilen konfrontiert, wonach Merkmale der Borderline-Störung ausschließlich aus Misshandlung oder Vernachlässigung resultieren. Durch Isolation und Hilflosigkeit geraten Eltern dann in einen Kreislauf von Selbstzweifeln und Schuldannahmen, wodurch sich co-abhängiges Verhalten verstärkt und eine zerstörerische Entwicklung auf beiden Seiten forciert wird.

„Mein Sohn weiß ganz genau, dass er mich rumkriegt, wenn er androht sich was anzutun. Einmal hat er sich komplett besoffen und ich hatte keine Ahnung, wo er das Zeug her hatte. Mir fehlte dann auch mal eine ganze

Schachtel von meinen Beruhigungstabletten und ich hatte panische Angst, dass er das Zeug schluckt. Manchmal verschwindet er auch einfach und ich habe keine Ahnung wo er ist. Als ihn neulich die Polizei nach Hause brachte, hat er mich vor ihnen beschimpft und meinte, er würde misshandelt werden von mir und bekäme nichts zu essen. Ich sei eine Schlampe und nie für ihn da. Was soll ich denn machen? Ich muss ihn doch allein durchbringen und arbeiten gehen. Ich gebe mir ja schon Mühe möglichst wenig zu verbieten, aber es wird trotzdem immer schlimmer." (Sonja, 37, Mutter eines 12-jährigen Jungen, alleinerziehend.)

Kinder von Borderline-Persönlichkeiten haben keinerlei Möglichkeiten sich zu schützen. Sie sind den destruktiven Gegebenheiten völlig ausgeliefert. Instabilität, dauerhafte gewaltvolle Konflikte zwischen den Eltern und chronische innerfamiliäre Anspannung, schränken die Entwicklung der betroffenen Kinder massiv ein. Kinder sehen sich selbst oft als Ursache für Elternkonflikte, so dass sie frühzeitig lernen, ungerechtfertigte Verantwortung zu über-nehmen. Wuchernde Schuldkomplexe, die ständige Erwartung angstvoller Konfrontationen und das Gefühl ohnmächtiger Hilflosigkeit, ersticken jede kindliche Lebensfreude im Keim. Kinder sind darauf angewiesen, durch den nicht von der Borderline-Erkrankung betroffenen Elternteil geschützt zu werden. Der Schutz von Kindern und die hier tatsächliche Verantwortung für deren Entwicklung muss oberste Priorität haben!

„Ich war davon überzeugt, dass es meine Schuld war, wenn meine Eltern sich gestritten haben. Meist ging es um Geld und dass Kinder teuer sind, wusste ich auch damals schon. Einmal war es so schlimm, dass ich mir selbst versprochen habe, vor einen Zug zu springen.

Ich war mir sicher, dass sie sich dann wieder lieb haben würden, weil sie sich dann nicht mehr um das dämliche Geld streiten müssten. Ich bin zum Bahnhof gegangen und hab da ganz lange auf dem Bahnsteig gestanden und die Züge kommen und fahren lassen. Ich hatte einfach nicht den Mut zu springen und habe mich fürchterlich dafür geschämt ... (Alexa, Tochter, damals 9 Jahre alt.)

Weitläufigere Angehörige, Freunde, Bekannte und Kollegen sind nicht im direkten Zusammenleben mit dem Betroffenen konfrontiert, aber durchaus ebenfalls emotional heftig involviert. Durch die Suche der Betroffenen nach Reflektion, sehen sie sich häufig mit einer Anspruchs- und Erwartungshaltung konfrontiert, der sie nicht entsprechen können, ohne in eigene Wert- oder Interessenkonflikte zu geraten. Auch für diesen Personenkreis ist der Umgang mit Abgrenzung und der Angst vor der Konsequenz der totalen Abwertung oft sehr schwierig. Überforderung und Verantwortungszuweisung, sowie eine Dysregulation der gegenseitigen Wahrnehmung, führt leicht zu deren Überbeanspruchung und Vereinnahmung. Im Kontext ist es

grundsätzlich bei allen Menschen, die eine Borderline-Persönlichkeit beglei-
ten, unabdingbar sich (selbst-)verantwortungsvoll abzugrenzen und ehrlich
zu reflektieren. Die bewusste Auseinandersetzung mit beziehungstypischen
Konflikten erfordert auch das Wissen um eigene Defizite. Warum habe ich
Angst eine andere Meinung zu haben? Warum gebe ich immer wieder nach?
Lösen Sie sich davon, dass Ihr betroffener Partner dafür verantwortlich ist.
Ihre Verhaltensweisen resultieren allein aus Ihrer Entscheidung und es ist
Ihre Aufgabe, diese zu hinterfragen und wenn notwendig in Ihrem Sinne zu
verändern.

Einer trage des anderen Last ...

Die Borderline-Persönlichkeit wird durch ihre instabile Identität permanent
mit starken Emotionen konfrontiert. Je nachdem, wie diese auf erfüllte oder
unerfüllte Bedürfnisse hinweisen, schlägt sich die Haltung auf die Umwelt,
meist den vertrauten Personenkreis, nieder. Im Fall innerer Konflikte sieht
sich die Borderline-Persönlichkeit von Gefühlen überflutet, die Signale der
„Alarmanlage" werden zwar wahrgenommen, können aber keinem Bedürfnis zugeordnet werden. In der Konsequenz werden die belastenden Gefühle
dann ausagiert und erreichen oft genau das Gegenteil dessen, was der Betroffene gebraucht hätte, um sein Bedürfnis zu befriedigen. Auf das hier zugrunde liegende Realitätsempfinden der Borderline-Persönlichkeit werde ich
in einem späteren Kapitel zurückkommen.

Ein prägnantes Beispiel ist das verzweifelte Bemühen, Alleinsein oder Verlassenwerden zu vermeiden. Der Betroffene wird von Angst und Hilflosigkeit geradezu überflutet, sieht sich aber außerstande, dahinter das Bedürfnis
nach Nähe, Stabilität und Zuneigung zu identifizieren. Seine eventuelle Strategie des Klammerns oder aggressionsgeladenen Spannungsabbaus erreicht
oft genau das Gegenteil – das Verlassenwerden.

Der Partner, der mit derartigen emotionalen Ausbrüchen konfrontiert wird,
sieht sich selten in der Lage, die unerfüllten Bedürfnisse des Betroffenen
wahrzunehmen. Oft ist er auf Grund eigener Persönlichkeitsdefizite nicht befähigt, seine Bedürfnisse zu identifizieren, wodurch sich ein zerstörerischer
Gleichklang entwickelt. Die zumeist destruktiven Konfrontationen bezieht er
auf sich und kann so den Zusammenhang zwischen dem Defizit des Betroffenen und dessen Verantwortlichkeit nicht erkennen. Die Borderline-Persönlichkeit impliziert ihrem Partner die Verantwortung für ihre emotionalen Belastungen, die sie selbst nicht tragen kann. Sie zeigt sich ebenso wenig in der
Lage, ihren inneren Konflikt realistisch wahrzunehmen, wie Bezug dazu zu
finden, was die Ursache für diesen Konflikt sein könnte. Als Konsequenz ist es

ihr unmöglich, eine situationsgerechte Strategie zu entwickeln, um dem Bedürfnis zu entsprechen, welches Defizite aufweist. Die daraus resultierende innere Leere und Hilflosigkeit wird dann dem Partner zugeschrieben „Mir geht es so schlecht, weil DU…". Oft nimmt der Partner diese Verantwortung an und versucht, ihr zu entsprechen. Ein Teufelskreis beginnt, denn die Chance der Borderline-Persönlichkeit Zugang zur eigenen Verantwortung, einem Teil ihrer Identität zu finden, wird so verbaut.

Geben wir Liebe, wenn wir uns der Instabilität der Borderline-Persönlichkeit anpassen? Ist unsere Haltung, geduldig zu ertragen, Konflikten auszuweichen und zu tolerieren, was nicht mehr zu tolerieren ist, hilfreich? Wer in einer derartigen Partnerschaft lebt, sollte in der Lage sein, die Gegebenheiten real und objektiv einzuschätzen, um hilfreich und unterstützend zu wirken.

Das hinter vielen Wutausbrüchen versteckte „Halte mich" kann nur durch ein „Halt", dem Setzen von Grenzen, entsprochen werden. „Halt" heißt, sich NICHT den Schwankungen anzupassen, sondern Stabilität und Konsequenz zu zeigen.

Ersetzen wir „Ich liebe dich" durch „Stopp, bis hierher und nicht weiter" und lernen wir, die Chance zur Selbstwahrnehmung zu schenken. Delegieren wir die Verantwortung dahin, wo sie hin gehört. Um das zu tun, sollten wir aufhören die Verantwortung für das, was mit uns geschieht, der Borderline-Persönlichkeit anzulasten und uns darauf besinnen, dass wir selbst die Verantwortung für uns tragen. Es ist Zeit zu erkennen, dass wir nur dann Liebe geben können, wenn wir uns selbst lieben. Wenn wir uns annehmen wie wir sind und nicht darauf angewiesen sind uns Liebe zu verdienen, indem wir uns verleugnen!

Stellen Sie sich ein Labyrinth vor. Der Weg hindurch ist ähnlich wie der Weg durch das Leben, es kommt nicht darauf an, das Ziel zu erreichen, sondern einen Weg dorthin zu finden. Es gibt zahllose Wege, breite, gerade und schmale, kaum begehbare und immer wieder Hindernisse. Es liegt an Ihnen, an einem Hindernis in der Hoffnung zu verharren, dass irgendwann jemand kommt und Ihnen hilft. Sie können sich so in die Abhängigkeit anderer Menschen begeben oder sich selbst neue Wege suchen, um das Hindernis aus eigener Kraft zu umgehen oder zu überwinden. Auf jeden Fall heißt es für Sie, risikobereit zu sein. Das sichere Territorium zu verlassen, Wege einzuschlagen, von deren Existenz Sie bisher nichts ahnten und zu akzeptieren, dass Sie nicht wissen, wohin sie führen. Was Sie wissen ist, dass es leichter ist, den vertrauten Schmerz zu akzeptieren, als sich auf das Unbekannte einzulassen. Der erste Schritt sich diesem Unbekannten zu stellen, ist die Auseinandersetzung mit Ihrem eigenen ICH, Ihren Anteilen, den Ursachen dafür, Ihren Fähigkeiten und Unfähigkeiten und dem Erfassen von Zusammenhängen. Betrachten Sie die Erkenntnis, etwas nicht zu können oder zu wissen, als das was es ist, eine wertvolle Chance Reife zu gewinnen. Sehen Sie bisherige Defizite nicht als Mangel, sondern als künftige Potentiale. Für sich und Ihren Partner!

Gemeinsame Merkmale der Partner

Partner von Borderline-Persönlichkeiten besitzen oft ähnliche Wesensmerkmale. Diese lassen unschwer erkennen, dass ihre Persönlichkeitsstruktur für eine gemeinsame Achterbahnfahrt geradezu prädestiniert ist. Sie fragen sich häufig, warum ausgerechnet sie sich immer wieder in Beziehungen wiederfinden, in denen sie ausgenutzt, erniedrigt und ohne Respekt behandelt werden. Schwerlich wird dabei der Eigenanteil wahrgenommen, der sich mit einer erschreckenden Zielsicherheit gerade die Partner sucht, die dem inneren Status entsprechen, dem inneren Bewusstsein, genau diese Behandlung verdient zu haben. Mitunter werden unbewusst manifestierte Kognitionen (verinnerlichte Annahmen) ausgelebt, etwa wie der angenommene Glauben, dass Liebe und Schmerz zusammengehören. Dies geschieht häufig bei Menschen, die selbst in destruktiven Familien aufgewachsen sind, die u. a. das jeweilige Rollenbild der Eltern übernehmen und in ihr Leben integrieren.

„Von meinem achten Lebensjahr an habe ich die Ehe meiner Eltern als chaotisch und schmerzerfüllt erlebt. Mein Vater ist ebenfalls vom Borderline-Syndrom betroffen und ich habe die Konsequenzen, genau wie meine Mutter, spüren müssen, ohne dass es jemanden gab, der mich davor beschützt hätte. Im Gegenteil, oft war ich diejenige, die beschützend eingriff. Letztendlich habe ich mich auch verantwortlich gefühlt, was mir aber auch suggeriert wurde. Am schlimmsten waren meine Hoffnungen, dass alles wieder gut werden wird, wenn ich nur recht brav bin. In den kurzen harmonischen Phasen war ich unendlich glücklich. Allerdings hielten sie nie an und endeten in fürchterlichen Szenen, die mir noch als Erwachsene Albträume bescherten. Das ständige Auf und Ab zwischen Hoffnung und Enttäuschung, die ständige Unsicherheit, die Angst und die Gewissheit, dass es egal ist, was ich tue, es wird nichts ändern, das war das schlimmste. Später habe ich mich in mehreren Beziehungen wiedergefunden, in denen meine Bedürfnisse eigentlich keine Rolle spielten. Es war nur eine Frage der Zeit, dass ich einem Mann begegnete, der ebenfalls an der BPS leidet.

Letztendlich habe ich in dieser Beziehung das Drama meiner Eltern nachgespielt und damit die Rolle meiner Mutter übernommen, bis mir endlich klar wurde, was ICH mir da antat." (Alexa, Angehörige und ehemalige Partnerin.)

Welche Konsequenzen könnte ein derart destruktiver familiärer Hintergrund haben? Welche Glaubenssätze (Annahmen, die nicht hinterfragt werden) können sich in einem Kind manifestieren und wie wirken sie sich im Fühlen und Handeln des späteren Erwachsenen aus?

In zahllosen Familien ergeben sich ähnliche Konstellationen. Gesellschaftliche Missstände wie Arbeitslosigkeit, Armut, berufliche Stress- und Überforderungsfaktoren der Eltern wirken sich auf die schwächsten Mitglieder der Familie, die Kinder aus. Das Potential an Entwicklungsmöglichkeiten für Borderline-Persönlichkeitsstörungen nimmt ständig zu. Gleichzeitig entwickeln sich jene, welche durch ähnliche destruktive Entwicklungs-möglichkeiten nur schwer Zugang zur eigenen Identität haben, zum passenden Partner für die Borderline-Persönlichkeit. Mitunter unfähig eigene Bedürfnisse zu erkennen und schon gar nicht in der Lage diesen zu entsprechen, finden sie sich eben in jenem Rollenspiel wieder, das ihnen schon in der Kindheit zugeteilt wurde.

Die Dramatik dieser Tatsache liegt in zwei wesentlichen Bereichen. Zum einen wird ein Partner, der ebenfalls Persönlichkeitsdefizite aufweist, von dem was eine Borderline-Persönlichkeit ausstrahlt, fasziniert. Der Charme einer Borderline-Persönlichkeit kann betörend sein und spricht die Defizite eines künftigen Partners beeindruckend an. Borderline-Persönlichkeiten sind in der Lage, sich auf Grund ihrer empathischen Wahrnehmung sehr gut auf Menschen einzustellen. Ihr Bedürfnis nach Identifikation ist so groß, dass sie sich zunächst mühelos anpassen und es dem Partner ermöglichen, eine unglaubliche Einheit, Seelenverwandtschaft und Nähe wahrzunehmen. Die emotionale Reaktion darauf ist tatsächlich überwältigend und ein Grund dafür, warum Partner von Borderline-Persönlichkeiten, trotz der oft katastrophalen Beziehungsverläufe, an der Partnerschaft festhalten. Letztendlich sind sie auch nach der Beendigung der Beziehung kaum in der Lage, sich auf einen neuen Partner einzulassen und noch sehr lange wie traumatisiert. Ähnlich wie die Motte vom tödlichen, verbrennenden Licht angezogen wird, sucht sich der vorbelastete Partner eine destruktive Beziehung, im Unterbewusstsein auf der Suche nach Bestätigung dafür, das zu erhalten, was ihm zusteht.

„Als ich Klaus kennen lernte, war ich seine Prinzessin auf Erden. Nie gab es eine bessere als mich. Das schmeichelte meinem Selbstwertgefühl natürlich, da ich doch gerade von meinem Mann wegen einer anderen verlassen wurde. Klaus trug mich auf Händen, ein Begriff der mir noch heute Magenschmerzen bereitet, wenn ihn ein Partner benutzt. Ich weiß noch, dass mir bei unserem ersten Treffen ganz schwindelig war, weil er in meine Seele zu schauen schien. Er hörte zu, hatte Verständnis und wollte mir die Welt zu Füßen legen. Er verließ meinetwegen seine Frau und seine drei kleinen Kinder. Er zeigte mir wieder wie schön, spannend und aufregend das Leben sein kann, nach einer langen depressiven Phase war er ein Lichtstrahl der Veränderung. Ich sah meine Chance wieder geliebt zu werden, wie ich es meiner

Ansicht nach verdient habe. Wir hatten erfüllenden Sex und eine Nähe, die ich nie zuvor und niemals mehr danach in dieser Intensität so gefühlt habe. Ich konnte in ihn eintauchen, seine Gedanken lesen und ihn mit jeder Faser spüren. (Dagmar, 41, ehemalige Partnerin."

Der andere Bereich bezieht sich auf die Borderline-Persönlichkeit selbst, die in einem derartigen Partner zwar ein geeignetes Pendant, aber an diesem keinen Halt finden kann. Beide Persönlichkeiten haben im Hintergrund eine schwach ausgeprägte Identität und spiegeln sich gegenseitig. Die ohnehin haltlose Borderline-Persönlichkeit findet die größte Resonanz und damit eine Pseudo-Sicherheit und trügerischen Halt bei einem Partner, der sich durch eigene Defizite auf die Gemeinsamkeit einer chaotischen Achterbahnfahrt einlässt.

Gleichzeitig ist dieser aber nicht in der Lage, seiner Selbstverantwortung gerecht zu werden und Schuld- und Verantwortungsübertragungen an die Borderline-Persönlichkeit zurückzuverweisen. Wirklichen Halt und die Stabilität, die so verzweifelt gesucht werden, können so nicht gegeben werden.

Achten Sie bei den nun folgenden Merkmalen genau darauf, in welchen Kriterien Sie sich erkennen können. Nehmen Sie sich bewusst wahr und hören Sie auf Ihre innere Stimme. Hinterfragen Sie sich beim Lesen, ob Sie sich in einzelnen Punkten wiederfinden. Sehen Sie sich dabei nicht einer Kritik ausgesetzt, die abwertend auf Sie wirkt, sondern sehen Sie es als Chance, sich Ihrer Entwicklungsmöglichkeiten bewusst zu werden.

Verbinden Sie gedanklich konkrete Ereignisse mit dem was Sie lesen und fühlen Sie in sich hinein, was dies in Ihnen auslöst. Nehmen Sie sich also genügend Zeit und Raum für diese Konfrontation.

Gemeinsame Merkmale vieler Partner einer Borderline-Persönlichkeit:

➤ Der innere Drang, andere auf eigene Kosten glücklich zu machen. (Wen, Wann, Warum?)

➤ Die Unfähigkeit eigene Bedürfnisse wahrzunehmen. (Welche haben Sie eigentlich? Was brauchen Sie, um sich wohl zu fühlen?)

➤ Übertriebene Nachgiebigkeit, um sich Konflikten und dem damit verbundenen Liebes- und Zuwendungsentzug zu entziehen. (Wann haben Sie wem nachgegeben, aus welchem Grund?)

➤ Der Drang, alles perfekt machen zu müssen, mit noch mehr Leistung und noch mehr Einsatz, um sich Zuwendung und Aufmerksamkeit zu verdienen. (Sind Sie ständig bemüht, alles richtig zu machen? Haben Sie Angst vor Fehlern? Welche Konsequenzen können diese haben?)

➤ Die Unfähigkeit, den Blick auf sich selbst zu richten und die Tendenz sich zu schnell verleiten zu lassen, sich nur noch mit dem Partner zu befassen.

(Es ist leichter, über Probleme des Partners nachzudenken, als über die eigenen.)

➤ Das Fehlen von klaren Grenzen, da im Hintergrund oft latentes Minderwertigkeitsgefühl die Überschreitung von Grenzen anerkennt. (Was sind Ihre Werte? Wo und wann fühlen Sie sich „schlecht", wenn Forderungen oder Ansprüche an Sie gestellt werden?)

➤ Das Bedürfnis alles verstehen zu müssen und zu können. (Finden Sie für alles eine Erklärung und Entschuldigung?)

➤ Die Intensität und Hingabe an Verpflichtung und Treue. Eine unerschütterliche Hoffnung gepaart mit der Erwartung, dass die Umstände zu verbessern sind. (Glauben Sie, dass mit Geduld und Liebe alles gut wird?)

➤ Die Bereitschaft, die geringste „Verbesserung" als unbestreitbaren Fortschritt zu interpretieren. (Motivieren Sie sich ständig mit kleineren Fortschritten, um weiter auszuhalten?)

➤ Die Bereitschaft der Selbstaufgabe, dabei den Partner aus voller Überzeugung nicht aufzugeben und die Unfähigkeit zu erkennen, dass sich dadurch nichts verändert, außer dass die Selbstabwertung fortgeführt wird – nur ist sie jetzt eingehüllt in einer Definition der Menschlichkeit.

➤ Mangelnde Selbstwahrnehmung bzw. ein stark eingeschränktes Selbstwertgefühl.

➤ Nichts, was ich tue, ist gut genug. Die unterbewusste Annahme, Abwertung verdient zu haben. (Hinderliche und einschränkende Glaubenssätze.)

➤ Ich rechtfertige meine Existenz dadurch, dass ich für den Partner lebe. Das Bedürfnis kontrolliert zu werden, die Unfähigkeit, selbst zu bestimmen, Angst vor Eigenverantwortung.

➤ Irrationale Loyalität gegenüber dem Partner – die Bereitschaft, eher das eigene Ich aufzugeben als den Partner. (Ohne mich ist er/sie völlig hilflos.)

➤ Die Unfähigkeit, eigene verletzte Gefühle anzuerkennen, trotz emotionaler Verletzung. (Haben Sie für alles Verständnis und finden Sie für alles eine Erklärung? Können Sie sich erlauben traurig, wütend, frustriert ... zu sein?)

➤ Die Fähigkeit, eine Situation zwar als destruktiv wahrzunehmen, jedoch die Reaktion darauf aufzuschieben. (Versuchen Sie Konflikte zu vermeiden? Haben Sie Angst vor deren Konsequenzen?)

➤ Auf Wiedergutmachung zu verzichten, um weitere Konflikte zu vermeiden.

➤ Leid ertragendes Martyrium – niemand anderes könnte dies ertragen, aber ich kann es und ich tue es.

➤ Die Fähigkeit zusammenzuarbeiten, aber nicht zu delegieren.

- Die Unfähigkeit zu versagen oder Fehler zu machen.
- Die Tendenz, sich für alles und jedes verantwortlich zu fühlen, auf Kosten der Verantwortung für sich selbst.
- Unsicherheit, was die eigenen Werte betrifft und die Abhängigkeit von der Meinung anderer.
- Die Bereitschaft alles zu tun, um die Bestätigung eines Menschen zu gewinnen, die vorher vorhanden gewesen zu sein schien. Die Entschlossenheit sich weiter zu bemühen, koste es was es wolle.
- Übermäßige Gewissenhaftigkeit.
- Bereit, „zu gut für diese Welt" zu scheinen, mit guten Absichten, Optimismus, einer versöhnlichen Natur und bedingungsloser „Liebe".
- Die Überzeugung, die einzige Rettung für den „armen" Borderliner zu sein. Wenn er oder sie mir vertrauen würde, würden wir beide wahres Glück finden.
- Hingezogensein zu Drama, Leidenschaft und Märchen. Glaube an einen Seelenverwandten als Partner ... und wenn sie nicht gestorben sind ...
- Wenn ich diesen Menschen „rette", wird er/sie mir ewig verpflichtet und dankbar sein – d.h.: würde mich nie verlassen (eigene Ängste verlassen zu werden).
- Ausgeprägtes Sicherheitsbedürfnis, Angst vor der Selbstverantwortung

Was genau haben Sie beim Lesen der einzelnen Merkmale wahrgenommen? Können Sie sich mit einzelnen Punkten identifizieren? Fühlen Sie sich angegriffen oder beschämt? Haben Sie das Bedürfnis, sich zu distanzieren oder zu rechtfertigen?

Und noch einmal. Diese Auflistung dient NICHT einer Stigmatisierung, sie ist KEIN Vorwurf und enthält KEINE Bewertung! Sie dient lediglich als erster Schritt des Bewusstwerdens eigener Anteile und bekanntlich ist der erste Schritt oft der schwerste, aber immer auch eine Chance, einen neuen Weg zu gehen. Interessant und bemerkenswert ist noch die Tatsache, dass diese Merkmale in erster Linie Frauen eigen sind. Der Grund dafür liegt in der Erziehung und der Übernahme gesellschaftlich bedingter Verhaltensweisen (Sozialisation). Die Rolle der Frau ist noch immer durch eine fürsorgliche Verantwortungsübernahme geprägt, welche die Akzeptanz eigener Bedürfnisse ausschließt oder erschwert. Männer bringen in einer Borderline geprägten Beziehung häufig die Konsequenz auf, sich abzugrenzen oder die Beziehung zu beenden.

Sehen wir uns nachfolgend noch an, welche Irrtümer sich oft aus diesen Merkmalen in Bezug auf die Beziehung mit einer Borderline-Persönlichkeit ergeben.

Irrtümer, die sich für viele Partner aus diesen Merkmalen ergeben

➤ Für die Probleme in meiner Beziehung bin ich verantwortlich. *(Jeder Partner trägt den gleichen Anteil an der Beziehung.)*
➤ Ich habe die Verantwortung für meinen Partner, niemand würde sich um ihn kümmern, wenn ich es nicht täte. *(Auch die Borderline-Persönlichkeit trägt die Verantwortung für sich selbst. In dem Maße, wie man ihr signalisiert, dass sie dies nicht tun muss, untergräbt man die Persönlichkeitsentwicklung und fördert letztendlich die Borderline-Störung.)*
➤ Da ich ständig im Zentrum von Ausbrüchen und Vorwürfen stehe, geht es in der Verantwortlichkeit der Konfrontationen und Ausbrüchen immer um mich. *(Mitunter haben die Verhaltensweisen des Betroffenen gar nichts mit Ihnen zu tun und sind nur Ausdruck intrapersoneller Vorgänge, die von anderen nicht beeinflusst werden können.)*
➤ Wenn ich die Vorwürfe meines Partners entkräften kann und beweise, dass sie falsch sind, wird er lernen mir zu vertrauen und alles wird gut. *(Die Unfähigkeit Vertrauen zu entwickeln ist ein Merkmal der Borderline-Störung und hat nichts mit dem Verhalten des Partners zu tun.)*
➤ Wenn ich nur genug Geduld und Liebe zeige, wird mein Partner eines Tages begreifen, dass er sich auf mich verlassen kann. *(Die Probleme der Borderline-Persönlichkeit lassen sich nicht von außen und durch andere lösen.)*
➤ Es ist ein Zeichen von Liebe, wenn ich alles ertrage. *(Es ist allenfalls ein Zeichen von mangelnder Selbstliebe und letztendlich auch für den Betroffenen destruktiv, da dieser Grenzen braucht, um Eigenverantwortung wahrnehmen zu können.)*
➤ Ich muss immer für meinen Partner da sein und alles akzeptieren. *(Alles hinzunehmen fördert allenfalls eine Potenzierung des Verhaltens, da der Betroffene lernt, dass er sich so verhalten darf.)*
➤ Wenn ich Konflikte vermeide, wird sich alles mit der Zeit beruhigen. *(Es wird sich nichts beruhigen, da die Borderline-Störung von äußeren Einflüssen unabhängig ist, die Störung wird allenfalls forciert, da die in Konflikten innewohnenden Chancen zur Selbstwahrnehmung und Selbstverantwortung nicht realisiert werden.)*
➤ Wenn ich immer nachgebe, werde ich meinen Partner nicht verlieren *(Unabhängig vom Verhalten des Partners, neigt die Borderline-Persönlichkeit mitunter dazu, Beziehungen drastisch und ohne für den Partner nachvollziehbaren Grund zu beenden.)*
➤ Mein Partner bereut oft ganz aufrichtig seine Handlungen und verspricht, dass er mich nicht mehr verletzen wird und es nur eine vorübergehende Phase war. *(Ebenso wie abwertende Phasen sind auch Idealisierungspha-*

sen unbeständig und gehören zu den Merkmalen der Borderline-Persön-lichkeit.)

➤ Mein Partner wird mit meiner Unterstützung und Liebe das Problem auch ohne therapeutische Hilfe in den Griff bekommen. *(Borderline ist eine schwere Persönlichkeitsstörung und verschwindet nicht von allein. Sie braucht kompetente therapeutische Begleitung.)*

Sieht man die Merkmale der Borderline-Störung im Zusammenspiel mit denen des Partners, werden die Ausmaße und die erschreckende Spirale der beziehungsrelevanten Einschränkungen greifbar.

Da sich in der Borderline-Persönlichkeit, wie auch in ihrem Partner ähnliche Defizite im Bereich der Identitätsschwäche zeigen, suchen beide im anderen nach ihrer Identität. „Ich fühle mich nicht wahrgenommen, nicht wertvoll, nicht wirklich ganz – DU bist verantwortlich dafür, etwas zu tun, damit ich mich besser spüren und annehmen kann." In diesem verhängnisvollen Irrtum wird nicht erkannt, dass Identität nicht von außen gegeben wird, sondern sich in einem Menschen entfaltet und reift. Jeder der Partner spielt eine Rolle, von der er meint, dass sie den Partner anspricht. Meist geschieht das unbewusst und wird von erlernten Mustern beeinflusst.

Vor allem bei Menschen, in deren Familien chaotische und destruktive Zustände eine lebensbejahende Entwicklung behinderten, wirken Glaubenssätze, die eine Entfaltung der Identität erschweren.

Z. B.:

➤ Es ist nicht wichtig, was ich will, was ich denke oder fühle, sondern was der andere von mir hält.

➤ Um zu überleben, muss ich so funktionieren, dass andere mit mir zufrieden sind.

➤ Es ist gefährlich, so zu sein wie ich bin, dafür könnte ich bestraft werden.

➤ Im Grunde genommen bin ich schlecht und niemand darf das erkennen.

➤ Man kann mich nur akzeptieren, wenn ich mich nicht wirklich zeige.

➤ Andere bestimmen meinen Wert.

➤ Andere haben das Recht mich zu beurteilen und mir zu sagen, wer ich bin ...

Aus diesen einschränkenden Annahmen heraus, entsteht der Wunsch jemand anderen darzustellen. Eine Rolle, die als akzeptabel empfunden wird auszufüllen und dabei das eigene reale ICH zu ignorieren. Ein hilfloser Versuch, sich seinen Ängsten zu entziehen. Diese Ängste wurzeln in den Grundbedürfnissen nach Nähe, Zuwendung und Sicherheit. Was für ein dramatischer Irrtum, denn wie kann ich mich geborgen und angenommen fühlen und meinem Bedürfnis nach Sicherheit entsprechen, um angstfrei leben zu können, wenn ich mich verleugne und auf der Flucht vor mir selbst bin?

Borderline-Persönlichkeiten sind mitunter in der Lage, Rollen die ihnen Sicherheit vermitteln effizient auszufüllen und sich darin kompetent darzustellen. Andererseits lassen Rollen, die Unsicherheit vermitteln und Ängste auslösen den Betroffenen chaotisch und zerstörerisch reagieren. Der Betroffene identifiziert sich dann oft mit den Rollen, in denen er Sicherheit erfährt (z. B. den Beruf), so dass sie auch den darin enthaltenen Ansprüchen insofern genügen können, solange diese Rolle Sicherheit vermittelt. In den Bereichen der beängstigenden Welt, in der Rollenfunktionen eine Identifikation und das damit vorhandene Sicherheitsgefühl vermissen lassen, leidet die Borderline-Persönlichkeit in spannungsauslösenden Momenten an emotionalen Überflutungen. Der daraus resultierende und vorherrschende Drang nach Spannungsabbau erzeugt nur noch eine affektgeladene und aggressionsverzerrte Selbst- und Fremdwahrnehmung. Daraus resultieren dann die oft nicht nachvollziehbaren, affektreichen Handlungen, die mit dem, den sie treffen, oft nicht im Zusammenhang stehen. Der innere Konflikt wird zwar emotional sehr intensiv wahrgenommen, die dabei entstehende Spannung kann aber nicht neutralisiert werden. Partner, Angehörige oder Kommunikationspartner werden daraufhin impulsiv und unangemessen heftig attackiert, wobei diese sich oft nicht einmal in der Lage sehen, einen Zusammenhang zwischen der Ursache und der unangemessenen Reaktion zu erkennen. Dabei entladen sich Wut, Zorn, Hass, Trauer, Ohnmacht, Hilflosigkeit und letztendlich massive Angst.

In diesem Zusammenhang sollten sich die Personen, die sich damit konfrontiert sehen, bewusst sein, dass sie nicht die Ursache dieser Reaktion, sondern allenfalls der Auslöser für eine Kettenreaktion sind, die durch sie nicht kontrollierbar ist. Zumindest richtet sich die spannungslösende Aggression nicht nach innen (Selbstverletzung, Suizidalität), was als einziges positives Merkmal dieser Art des aggressiven Verhaltens gewertet werden kann.

Erich Fromm hat sich intensiv mit den Ursachen und Auswirkungen der Aggressivität auseinandergesetzt (Anatomie der menschlichen Destruktivität – 1973) und geht dabei von menschlichen Grundbedürfnissen (Sicherheit, Stimulation, Erfolg, Freiheit) aus, die bei der Sozialisation eines Menschen mehr oder minder gut erfüllt werden, wodurch sein individueller Charakter geprägt wird. Dieser individuelle Charakter muss sich mit der ihn umgebenden Gesellschaft (dem sozialen Charakter) auseinandersetzen.

Ist der individuelle Charakter genügend stark ausgeprägt, kann er Frustrationen besser verkraften oder in positive Aktionen umsetzen. Genau hier zeigt sich das Defizit der Borderline-Persönlichkeit, welche, wie bereits beschrieben, unter einer andauernden Identitätsstörung leidet und sich nicht liebenswert und einfach nur nutzlos fühlt. Das fehlende konstante Identitätsgefühl, das mangelnde Selbstwertgefühl und das Fehlen von Selbstachtung ermöglichen ihm somit keine widerspruchsfreie Auseinandersetzung mit seiner Umwelt. Die daraus resultierenden Ängste, die dem Bedürfnis des Menschen nach Sicherheit widersprechen, tragen somit die nur allzu logische Konsequenz der Aggressivität in sich.

Nach welchen Kriterien wählen wir unseren Partner?

Es ist durchaus von Bedeutung, sich einmal intensiv mit dieser Frage auseinanderzusetzen, um Zusammenhänge erkennen und nachvollziehen zu können. Unabhängig davon, ob ein Mensch von einer Borderline-Störung betroffen ist oder nicht, wählt er nach bewussten und unbewussten Kriterien seinen Partner. Auch wenn wir bemüht sind, in der Partnerwahl sehr aufmerksam zu sein, läuft doch ein großer Teil unserer Reaktionen auf einen Menschen unbewusst ab.

Bewusste Kriterien können u. a. sein:
➤ Das Aussehen. Spricht mich die Attraktivität des Partners an?
➤ Die verbale Ausdrucksform. Ist mir die Art und Weise des sprachlichen Austausches angenehm?
➤ Die Wertekonstellation. Haben wir ähnliche Ziele und Weltanschauungen? Stimmt die Wellenlänge?
➤ Der Status. Welchen Platz nimmt mein Partner in der Gesellschaft ein?
➤ Die erotische Ausstrahlung. Ist das „Kribbeln im Bauch" spürbar? Beflügelt er/sie meine Fantasie und zieht mich körperlich an?

Unbewusste Kriterien können u. a. sein:
➤ Körpersprachliche Informationen: Bewegungen, Mimik, Gestik, die uns an Menschen erinnern, die auf unsere Beziehungserfahrungen Einfluss genommen haben (Übertragung).
➤ Parabotschaften: Das sind Botschaften die gegensätzliche Inhalte haben. Z. B. die verbale Betonung „ich bin offen" mit einer verschlossenen, abgewandten Körperhaltung. Sie können interessant auf Menschen wirken, die Widersprüchliches als reizvoll empfinden und sich motiviert sehen „den Dingen auf den Grund zu gehen".
➤ Signale, die unbewusste Prägungen ansprechen: So lassen sich z. B. Personen, die ein „Helfersyndrom" haben, leicht von hilfesuchenden Botschaften ansprechen, da derartige Beziehungen vertraut wirken und inneren Annahmen entsprechen. (Ich werde geliebt, wenn ich helfe.)

➤ Übertragungen: Unterbewusste Erinnerungen an Menschen, die positive Resonanzen hinterlassen haben, mit denen die Hoffnung auf die Erfüllung eigener Erwartungen verbunden wird.

➤ Eigene Anteile, über die ich nur im Ansatz verfüge und die ich gern stabil in mir integrieren würde: z. B. Charisma oder Selbstbewusstsein. Nehme ich derartige, erwünschte Verhaltensweisen wahr, üben sie eine faszinierende Wirkung aus, gepaart mit dem Wunsch, diese Anteile in mir zu integrieren. (Peter Schellenbaum, „Das Nein in der Liebe", September 1986, S. 77, die Leitbildspiegelung.)

➤ Defizitäre Signale: Informationen, die uns an eine missbräuchliche oder misshandelnde, unverarbeitete Beziehung erinnern. Im unbewussten Drang, derartige Erfahrungen zu verarbeiten, suchen wir oft nach Bezugspersonen, die uns eine erneute Chance geben, uns mit einem alten Konflikt auseinanderzusetzen und ihn so zu verarbeiten.

Neben den bewussten und unbewussten Kriterien der Partnerwahl, ist jeder Mensch bestrebt in einer Beziehung das zu finden, was seine Bedürfnisse befriedigt.

Liebe an sich IST ein Grundbedürfnis. Aus diesem heraus ergeben sich dann „Unter-Bedürfnisse" wie z. B. Akzeptanz, Geborgenheit, Nähe, Respekt, Sexualität, Sicherheit, Vertrauen, Wertschätzung u. v. m. Die jeweilige Priorität ist individuell verschieden und abhängig von emotionalen und kognitiven Strukturen einer Persönlichkeit.

Ein stark ausgeprägtes Bedürfnis der Borderline-Persönlichkeit ist das Bedürfnis nach Sicherheit. Innerhalb einer Beziehung hat dieses Bedürfnis für sie höchste Priorität, denn dem Wunsch nach Sicherheit liegt das Gefühl der Angst zugrunde, die permanent für die Borderline-Persönlichkeit präsent ist.

Angst

Ängste an sich gehören zum Leben, wie Gefühle überhaupt. Sie treten in den unterschiedlichsten Situationen und Zusammenhängen auf, weisen auf drohende Gefahren hin und haben damit eine wichtige Schutzfunktion für den Menschen. Ängste können beflügeln und uns motivieren, uns Konfrontationen zu stellen, gewohntes Terrain zu verlassen, uns neuen Reizen auszuliefern und dabei in der Persönlichkeit zu reifen. Kennen Sie das erhebende Gefühl, sich erfolgreich in eine angsterregende Situation gewagt zu haben, eine Rede vor vielen Menschen gehalten zu haben oder auch einfach einmal, einem fordernden Mitmenschen Grenzen gesetzt zu haben? Wir verändern und erweitern unsere Persönlichkeit, unsere Identität nur dann, wenn wir uns in der Lage sehen, gewohnte Bereiche zu verlassen und die Erfahrung zu machen, unsere Grenzen zu erweitern und damit unser Leben zu bereichern. Derartige Erfahrungen sind erfüllend und motivierend. Sie reduzieren Ängste, stärken das Selbstvertrauen und erweitern einen lebendigen Horizont.

Ängste können aber auch toxischen Charakter haben, sie können sich zur Krankheit entwickeln, latent im Hintergrund destruktiv wirken und damit die Entwicklung von Persönlichkeit und Identität einschränken.

Die Borderline-Persönlichkeit ist durchdrungen von dem Gefühl der Angst:

➤ Angst vor dem Verlassenwerden und der daraus resultierenden Einsamkeit.

➤ Angst vor Kritik und der daraus vermeintlichen Konsequenz abgelehnt zu werden, was das Gefühl der Isolation und Einsamkeit verstärken würde.

➤ Angst vor vermeintlicher Enttarnung. Die Borderline-Persönlichkeit sieht sich ständig als liebensunwürdig an und fürchtet nichts mehr, als in dem verzweifelten Bemühen einer angepassten Rolle gerecht zu werden, enttarnt zu werden.

➤ Angst davor, sich selbst anzunehmen, da die Gewissheit der völligen Wertlosigkeit ständig präsent ist (toxische Scham).

➤ Angst von anderen als fehlerhaft und defekt gesehen zu werden und somit im Kern der Identität, im Sein, keine Berechtigung zu finden.

➤ Angst vor Nähe und davor, andere Menschen anzunehmen, um zu verhindern, dass diese das „wahre" ICH entdecken und mit Ablehnung reagieren (Nähe – Distanz – Problematik).

➤ Angst vor dem Verlust der Kontrolle, denn diese erscheint als einzige Möglichkeit das Gefühl der Hilflosigkeit zu mindern.

➤ Angst, sich mit eigenen, als „unangenehm" und „negativ" empfundenen Gefühlen auseinanderzusetzen.

➤ Angst, durch den Partner eine Spiegelung zu erfahren, die das eigene ICH als ambivalent darstellt.

In seinen Interaktionen zeigt sich die Borderline-Persönlichkeit unfähig, Mitmenschen mit ambivalenten Eigenschaften und Verhaltensweisen anzunehmen. Sie reagiert mit Spaltung (Idealisierung/Abwertung).

Schwarz-Weiß

Die Unfähigkeit Menschen oder Situationen in ihrer Gesamtheit, also komplex und mit allen Eigenschaften wahrzunehmen, wird als Spaltung oder auch Schwarz-Weiß-Denken bezeichnet. Menschen oder Situationen sind entweder vollkommen gut oder vollkommen schlecht. Dazwischen gibt es nichts. Das Schwarz-Weiß-Denken zählt zu den Abwehrmechanismen. Die radikale Aufteilung der Welt erleichtert deren Wahrnehmung und schützt davor, sich mit eigenen und als bedrohlich empfundenen Emotionen auseinanderzusetzen. Gegen das Gute, Weiße braucht man sich nicht zu schützen, denn es wird von angenehmen Gefühlen begleitet. Das Böse, Schwarze dagegen kann vollständig abgelehnt werden, wodurch eine weitere Auseinandersetzung mit den damit verbundenen und als unangenehm empfundenen Gefühlen vermieden wird. Zwischentöne erfordern eine emotionale Auseinandersetzung, einen Bezug zu Integrität, Werten und Bedürfnissen, was der Borderline-Persönlichkeit unmöglich ist.

Was aber kommt im Schwarz-Weiß-Denken noch zum Ausdruck? Die Angst der Borderline-Persönlichkeit, den Ansprüchen anderer nicht zu genügen, wirkt wie eine Bedrohung. Die vermeintliche Erwartungshaltung vermittelt das Gefühl des „Verschlungenwerdens", die Angst davor, nicht mehr man selbst bleiben zu können. Die Bedürfnisse anderer zu beachten, heißt für die Borderline-Persönlichkeit, aufzuhören zu existieren. Sie weiß nicht, wie sie auf die Bedürfnisse anderer achten kann ohne gleichzeitig den Bezug zu sich selbst zu verlieren. Zum eigenen Schutz wendet sie sich von ihren Gegenüber ab. Schwarz als radikale Ich-Bezogenheit, Abwendung und Abwertung und Weiß als extreme Hingabe, Zuwendung und Idealisierung.

„Er drohte, schlug und vergötterte mich in einem Tempo, das mich schnell ermüdete und meinen Willen zum Ausstieg immer wieder niedermachte. Eine Geschichte ist noch wie heute in meiner Erinnerung; nachts träumte er, dass ich mit seinem großen Sohn fremdgegangen sei. Als er morgens aufwachte, merkte ich sofort, dass etwas nicht stimmte. Ich hatte mittlerweile feine Fühler entwickelt, wann emotionales Chaos in der Luft lag. Erst sprach er kein Wort mit mir (ich hatte ihm mal erzählt, dass mein Stiefvater diese Taktik fuhr und wie sehr ich als Kind darunter gelitten habe), bis er dann herausplatzte, was ich doch für eine liederliche Schlampe sei. Verdorben und er es bedaure mich aus der Gosse geholt zu haben. Und nun würde ich statt dankbar zu sein mit seinem Sohn schlafen wollen. Denn er erklärte seinen Traum mit der guten Intuition, die er für mich und meine Wünsche und Träume hatte. Dann begann, was immer begann. Es folgten Rechtfertigungen und Erklärungen von mir, Beteuerungen, dass er sich täusche und ich so etwas niemals tun würde. Schweigen, schreien und Schläge wechselten sich ab. Bis er dann wimmernd wieder vor mir kniete und mich um Verzeihung anflehte um mir dann zu versichern, dass ich das Beste bin, was ihm je passiert war". (Dagmar, 41, ehemalige Partnerin.)

Ambivalenz

Die Auseinandersetzung mit „negativen" Gefühlen (Hilflosigkeit, Schmerz, Enttäuschung ...), die durch den Umgang mit anderen Menschen immer wieder in jedem Menschen entstehen können, beeinträchtigt die Borderline-Persönlichkeit dermaßen stark, dass diese nicht mehr in der Lage ist, sich auch an „positive" Gefühle (Freude, Gelassenheit, Glück ...) zu erinnern, die ebenfalls durch den Kontakt mit anderen empfunden wurden. Die Borderline-Persönlichkeit nimmt entweder nur das eine oder nur das andere wahr. Beide Anteile, sowohl die als „positiv", wie auch die als „negativ" empfundenen Gefühle, in Zusammenhang mit einer Person zu bringen und beides in dieser zu integrieren, ist der Borderline-Persönlichkeit nicht möglich. Gleichzeitig wehrt sie eigene ambivalente Anteile ab, was die Fähigkeit, sich selbst als identische Persönlichkeit zu erleben, stark einschränkt. Demzufolge stellt eine Auseinandersetzung mit eigenen ambivalenten Anteilen eine massive Bedrohung dar. Die Angst davor kann für die Borderline-Persönlichkeit überwältigend sein.

Ein Partner, der in der Hoffnung erwählt wurde, Sicherheit und Geborgenheit zu vermitteln, von dessen Spiegelung Wertschätzung, Nähe und Stabilität erwartet werden, kann gar nicht anders, als das, was er wahrnimmt zu reflektieren. INSTABILITÄT und AMBIVALENZ. Diese Reflektion des eigenen ICH, ist für die Borderline-Persönlichkeit eine massive Bedrohung. Das Wahrnehmen eigener ambivalenter Anteile, der instabilen Identität, menschlicher Defizite und aufgedeckter Projektionen potenzieren die Angst und all das, was vom Partner erhofft wurde, zeigt sich als Illusion. Die Reaktion ist starke Abwehr. Das erhoffte Selbstbild, die Erlösung durch den Partner vor Angst, Leere und Hilflosigkeit zeigte sich als „Trugbild". Die Borderline-Persönlichkeit empfindet tiefste Enttäuschung. Die Idealisierung des Partners wendet sich in das extreme Gegenteil: die Abwertung. Der Partner hat „versagt", enttäuscht und ist das Vertrauen nicht wert.

Der Vollständigkeit halber möchte ich an dieser Stelle betonen, dass nicht alle Partner von Einschränkungen ihrer Persönlichkeit in der Form betroffen sind, dass sie sich als anpassungsbereiten Gegenpart innerhalb einer chaotischen Beziehung eignen. Es gibt sicher auch Partner, die selbstbewusst, abgrenzungsfähig und somit stabilisierend auf den Betroffenen wirken. Hier ergibt sich kaum die Gefahr einer Co-Abhängigkeit (unbewusste Förderung der Erkrankung), eine Unterstützung kann stabil ermöglicht werden und die Gesunderhaltung der eigenen Persönlichkeit ist nicht gefährdet. Meine Ausführungen bieten Erklärungen für den Kontext einer instabilen Partnerschaft, so wie sie in diesem Zusammenhang leider nur allzu oft existieren. Der Leidensdruck für diese betroffenen Partner ist sehr groß, die Selbstwahrnehmung massiv eingeschränkt, Hilflosigkeit und die Potenzierung persönlichkeitsbedingter Defizite führen in Burn-out-Situationen. Hier ist es dringend notwendig, Zusammenhänge sichtbar zu machen und neue Wege zu finden. Kommen wir an dieser Stelle zu den Kriterien der Partnerwahl zurück, versuchen wir dem Zusammenhang zwischen den Merkmalen der Borderline-Persönlichkeit und des Partners auf den Grund zu gehen.

Berührungspunkte der Angst

Wenn wir uns die Kernängste der Borderline-Persönlichkeit genau betrachten und versuchen, diese nachzuempfinden, können wir uns die Frage stellen, welche partnerschaftlichen Eigenschaften könnten auf eine Borderline-Persönlichkeit anziehend wirken? In welcher Partnerschaft könnte sie eine Chance sehen, ihrer Angst zu entkommen? Welche Merkmale müssten der oder die Partnerin zeigen, um das Risiko einer Enttäuschung gering zu halten? Erinnern wir uns an die gemeinsamen Merkmale der Borderline-Partner. Hinter jedem der aufgeführten Punkte verbirgt sich ebenfalls Angst.
➤ Angst nicht liebenswert zu sein.
➤ Angst verlassen zu werden.
➤ Angst nicht wertvoll zu sein.
➤ Angst vor der Verantwortung für sich selbst.
➤ Angst davor, im Partner nicht die Spiegelung der Persönlichkeit zu finden, die man gerne wäre, aber nicht ist. (Ständiges Bemühen, den idealisierenden Zustand um jeden Preis wieder zu erreichen.)
➤ Angst, nicht gebraucht zu werden (Definierung des Selbstwertes über das Helfen – Helfersyndrom, Gefahr der Co-Abhängigkeit.)
➤ Angst vor dem Versagen, Fehlern oder Kritik mit der Konsequenz der Zurückweisung.
➤ Angst, eigene Bedürfnisse wahrzunehmen und die Neigung diese zu verdrängen, um nicht in Konflikte mit der Umwelt zu geraten.

Ängste spielen also auch für die Partner eine große Rolle, die ebenfalls unter Persönlichkeitsdefiziten leiden und eben aus diesem Grund Kontrolle zulassen. Sie negieren ihre Bedürfnisse und bemühen sich durch eigene destruktive Strategien ihrer Angst zu entgehen. Auf diese Weise bieten sie das ideale Pendant.

Die Wahrnehmung der ebenso verletzten und schwachen Identität des Partners ermöglicht der Borderline-Persönlichkeit das Gefühl der Identifikation, wodurch zunächst ein angstfreies Gefühl der Verbundenheit empfunden werden kann. In dieser Phase vermittelt diese Bindung die Illusion der

Sicherheit, was zunächst tiefe Dankbarkeit, ein starkes Zuwendungsgefühl und eine enorme Aufwertung für den Partner auslöst. Da diese Reaktion treffsicher die Defizite des Partners anspricht (Mangel an Wertschätzung, Zuwendung, Nähe ...), sieht dieser sich in einer Art reflektiert, die wiederum seinem Wunschdenken vom eigenen ICH entspricht. Diese Phase ist durch eine beiderseitige Idealisierung gekennzeichnet, birgt scheinbar tiefste Nähe (Verschmelzung) in sich und hinterlässt beim Partner ein alles durchdringendes Gefühl von Nähe, welches im Nachhinein, auch wenn die Beziehung traumatische und verletzende Konsequenzen hatte, das Gefühl der Einmaligkeit hinterlässt.

Natürlich erfolgt weder durch die Borderline-Persönlichkeit noch durch ihren Partner, hinsichtlich der wahrgenommenen Persönlichkeitsdefizite, eine bewusste Wahl. Die ausgeprägte Wahrnehmungsfähigkeit der Borderline-Persönlichkeit und deren Fähigkeit, nonverbale und soziale Signale zu erfassen, sensibilisieren allerdings für einen Partner, der in seinen Merkmalen die Möglichkeit von Verschmelzung und Identifikation bietet.

Aus all dem ergibt sich eine interessante Erkenntnis. Wenn wir davon ausgehen, dass die Grundproblematik der Borderline-Persönlichkeit „Angst" ist, ein Gefühl, welches sehr stark wahrgenommen wird, steht dahinter das tiefe Bedürfnis nach Sicherheit. Vor allem die Sicherheit, in Emotionen gespiegelt zu werden. Die Defizite der Borderline-Persönlichkeit haben ihren Ursprung u. a. darin, dass ihre Gefühle in einem invalidierenden (nicht beachtenden und reflektierenden) Umfeld (Kindheit) missachtet und entwertet wurden. Könnte dies als Konsequenz die ständige Suche nach einem Partner sein, der eben diese emotionale Spiegelung sichert?

Da eines der Hauptmerkmale der Borderline-Persönlichkeit die emotionale Instabilität ist, kann nur ein Partner dem Bedürfnis nach Sicherheit nachkommen, der sich dieser Instabilität anpasst. Die Voraussetzung beim jeweiligen Partner ist ebenfalls der Hintergrund der Angst (nicht zu genügen, den Ansprüchen nicht gerecht zu werden, verlassen zu werden ...) und die daraus resultierende Anpassungsbereitschaft. Kann eine Borderline-Persönlichkeit also nur dann durch einen Partner Sicherheit empfinden, wenn dieser sich der Instabilität angleicht? Kann sie sich so dem Auseinandersetzen mit ihren angstauslösenden und als schmerzvoll erlebten Gefühlen entziehen, da sie sich ja nicht mit diesen auseinandersetzen muss? Braucht sie die „Sicherheit" eines ebenso instabilen Partners, um der Selbstverantwortung, die voraussetzt, dass Emotionen verarbeitet und integriert werden, zu entgehen? Wäre demzufolge die Beziehung zu einem gefestigten Partner, der in der Lage ist Gefühle zu hinterfragen und angemessen zu reflektieren, eine Bedrohung?

Im Kontext stehen wir vor einem scheinbaren Widerspruch. Die Borderline-Persönlichkeit sucht Sicherheit, um dem Gefühl der Angst zu entgehen.

Sie wählt sich einen Partner, mit dem sie sich, auf Grund pendantartiger Defizite, stark identifizieren kann, der keine reale Reflektion bietet, um wiederum eigenen Ängsten zu entgehen. Da die Symptome der Borderline-Erkrankung niemals von außen gemildert werden können, ist es nur eine Frage der Zeit, bis diese beginnen, Einfluss auf die Beziehung zu nehmen. In der Konsequenz ergibt sich für die Borderline-Persönlichkeit die Erkenntnis, dass die „negativen" Gefühle noch immer präsent sind, ja, sich sogar durch die erneute „Enttäuschung" potenziert haben. Die logische Erkenntnis, dass hier eine eigene Verantwortung vorliegt, wird konsequent verdrängt. In dieser Phase entstehen häufig tiefe Depressionen. Die wiederholte Wahrnehmung „fehlerhaft" zu sein, gepaart mit der erneuten „Enttäuschung" über den Partner, verursachen ein tiefes Gefühl der Hoffnungslosigkeit. In diesen Ansätzen könnten wir eine Erklärung für das sich wiederholende Muster in Borderline-Beziehungen finden. Sehen wir uns demzufolge einmal die Merkmale eines Partners an, die notwendig wären, um die Beziehung und den Betroffenen zu stabilisieren.

Notwendige Merkmale der Borderline-Partner

Nachdem wir uns mit den Persönlichkeitsmerkmalen der Partner und den bewussten und unbewussten Auswahlkriterien auseinandergesetzt haben, sollten wir uns mit den Partner-Merkmalen auseinandersetzen, die der Beziehung Bestand geben und den Bedürfnissen beider Partner gerecht werden. Dazu zählen:

➤ Die Fähigkeit der Selbstwahrnehmung.
➤ Die Fähigkeit, Selbstverantwortung zu tragen.
➤ Unabhängigkeit von der Bewertung durch andere.
➤ Die Wahrnehmung eigener Bedürfnisse und die Fähigkeit ihnen zu entsprechen.
➤ Das Wissen um die eigene Wertkonstellation und die daraus resultierende Fähigkeit Grenzen zu setzen.
➤ Konfliktfähigkeit, das augenblickliche Wahrnehmen und konstruktive Reagieren.
➤ Keine Angst vor Fehlern und den implizierten Konsequenzen durch Liebes- und Zuwendungsentzug.
➤ Ein gesundes Selbstwertgefühl.
➤ Das Bewusstsein eigener Stärken und Schwächen (angenommenes und akzeptiertes Selbstbild).
➤ Die Fähigkeit Prioritäten so zu setzen, dass die Übernahme von Verantwortung nicht den eigenen Bedürfnissen widerspricht.

- Die Fähigkeit wahrzunehmen, wann eine Beziehung keine Grundlagen für ein beiderseitiges nutzbringendes Miteinander hat und die Akzeptanz dessen.
- Die Fähigkeit konsequent zu sein.
- Keine Abhängigkeit von der Zuwendung anderer zu empfinden, d. h. Manipulationen und emotionalen Erpressungsversuchen zu widerstehen, ohne Angst vor Konsequenzen.
- Sich zu erlauben „versagen" zu dürfen, ohne sich dabei selbst zu entwerten.
- Eine realistische Wahrnehmung der Beziehung, der eventuellen Fortschritte und der gegenseitigen Ansprüche und Bedürfnisse.
- Eine ausgesprochen hohe empathische, aktive Kommunikationsfähigkeit, die nicht auf den Auslöser, sondern auf die dahinter stehende Ursache reagiert.

Persönlichkeiten mit diesen Merkmalen wirken, eben auf Grund ihrer gefestigten Identität und Unabhängigkeit, auf eine Borderline-Persönlichkeit nicht in dem Maße ansprechend, wie identitätsschwache, instabile Persönlichkeiten. Für die Borderline-Persönlichkeit ist es ja äußerst wichtig, einen anpassungsfähigen und abhängigen Partner zu finden, um sich der Auseinandersetzung und Verantwortung mit eigenen Emotionen zu entziehen. Stabile, identitätsstarke Persönlichkeiten würden die Verantwortung nicht annehmen und zurückweisen, was den unbewussten Ansprüchen der Borderline-Persönlichkeit nicht gerecht werden würde.

Gleiches gilt für den stabilen selbstbewussten Partner der, selbst unabhängig von dem Bedürfnis der Reflektion, durch den Partner in der Borderline-Persönlichkeit sehr wohl dessen Identitätssuche wahrnimmt. Seine bewusste Wahrnehmung und die Fähigkeit sich abzugrenzen, werden von der Borderline-Persönlichkeit dann oft als Enttäuschung wahrgenommen, da diese sich hier nicht identifizieren kann. Die von der Borderline-Persönlichkeit angestrebte Verschmelzung kann hier nicht erfolgen.

2. Liebe als Grundbedürfnis, das verkannte Zentrum des Geschehens

Jede Menge Definitionen

Die Liebe ... ein, wenn nicht sogar das zentrale Thema in der Borderline-Problematik an sich und, ausgehend vom Sinn dieses Buches, für den Betroffenen, wie auch für den Partner und Angehörige, der Mittelpunkt des Geschehens. Insofern möchte ich dieser Thematik angemessenen Platz und Raum widmen und Zitate bekannter Autoren und Psychologen wie Erich Fromm, Peter Schellenbaum und Marshall Rosenberg an dieser Stelle platzieren.

Eine Therapeutin konfrontierte mich einmal mit der Aussage, dass Borderline-Persönlichkeiten nicht lieben können. Anfangs hat mich diese Erkenntnis erschreckt, dann habe ich mich entschlossen, dieser Aussage auf den Grund zu gehen. Zunächst stellen sich hier viele Fragen. Was ist Liebe und wozu braucht der Mensch sie. Ich habe Antworten gesucht und gefunden. Viele entsprechen dem, was dem Großteil der Menschen in Bezug auf diesen Begriff vertraut ist.

So bezeichnet ein *Lexikon* die Liebe als die stärkste Zuneigung, die ein Mensch für einen anderen empfinden kann, ein Gefühl inniger und tiefer Verbundenheit mit dem Nächsten.

Erich Fromm sieht in der Liebe intensive positive Zuwendung zum eigenen Sein, zur Umwelt und zum Leben. Nur durch sie lässt sich die Quelle der Angst, nämlich das Bewusstsein des Abgetrenntseins, überwinden. Der Begriff „Abgetrenntsein" bezieht sich hierbei auf das Bewusstsein des Menschen, seiner Vergänglichkeit ausgeliefert zu sein. Die daraus resultierende Hilflosigkeit und Einsamkeit verlieren nur dann ihre Macht, wenn wir lieben. Gelingt dies nicht, entstehen Schuld und Scham, „beweist" sich die angenommene Wertlosigkeit und potenziert sich die Angst. Ein höllischer Kreislauf, der nur durch das durchbrochen werden kann, was verzweifelt gebraucht und gesucht wird, aber in sich nicht gefunden werden kann, da die Angst es nicht zulässt ... Laut Erich Fromm ist die wichtigste Voraussetzung für die Liebe, dass beide Partner sich „aus der Mitte ihrer Existenz heraus miteinander verbinden, wenn also jeder sich selbst aus dem Zentrum heraus erlebt".

Der Mensch muss sich also seiner Identität bewusst sein, Mittelpunkt seines Handelns und Erlebens sein, sich frei und unabhängig fühlen und er selbst sein können. Ohne diese Basis ist eine gesunde Liebe nicht möglich, da der Mensch nur dann eine Bindung mit einem Partner eingehen kann, wenn er selbst mit sich „im Reinen" ist.

Sullivan, ein amerikanischer Psychiater, meint: „Wenn die Zufriedenheit oder die Sicherheit eines anderen für mich ebenso bedeutsam wird, wie meine eigene Zufriedenheit oder Sicherheit, dann ist dies der Zustand der Liebe."

Theodor Reik, ein kritischer Schüler Freuds, geht noch weiter und kommt zu einer für viele Menschen grausamen Erkenntnis: „Ein Mensch, der sich nicht selbst akzeptiert und seine Selbstachtung nicht wiedererlangt, wird nicht lieben können. Wer nicht Mut und Selbstvertrauen hat, wird niemals die Zuneigung eines anderen gewinnen können." Es taucht die Frage der Bewertung auf, weil das Problem, das alle Menschen haben, in der Selbstbewertung besteht, obwohl sie sich dessen meist nicht bewusst sind. Warum sind diese Menschen mit sich selbst unzufrieden? Sie kommen sich unbewusst betrogen und unzulänglich vor, weil sie Vergleiche anstellen zwischen dem, was sie sind, und dem, was sie sein möchten; zwischen dem, was sie leisten, und dem, was sie leisten möchten. Sie fühlen sich gehindert, weil sie unbewusst fürchten, dass sie versagt haben. Sie sehen, dass sie unfähig sind, ihre Erwartungen von sich selbst zu erfüllen. Wer den anderen nur kritisiert, beschimpft, fordert, wie das in fortgeschrittenen Stadien von Partnerauseinandersetzungen so beliebt ist, zerstört die Voraussetzungen der Liebe. Er wird so unattraktiv, dass nur ein Verblödeter ihn lieben könnte und er macht dem anderen deutlich, dass er ihn nicht liebt. Wer nur Kritik, Schimpfe und Forderungen bekommt, kann ja gar nicht (für den anderen) liebenswert sein. Was mir wichtig ist, was mir wertvoll ist, das schütze und behüte ich, das will ich nicht verlieren, das sollte ich erhalten wollen. Du liebst einen Menschen, indem du ihm deutlich machst, wie wertvoll er für dich ist.

Peter Schellenbaum (Das Nein in der Liebe) sieht in der Liebe eine Erweiterung des Ich zu einem Du. Sie ist der Sinn des Lebens, weil sich durch sie die Isolation überwinden lässt. Liebe ist die Akzeptanz der Fremdheit des geliebten Menschen, ein Einswerden ohne sich zu verlieren und eine tiefe Einsicht in das Selbst. Sie ist die aktive, uneigennützige Hingabe an das Du, Verschmelzung und Abgrenzung in einem und somit die Erweiterung des Ich.

Entgegen der verbreiteten Annahme, dass lieben ein Gefühl ist, sieht *Marshall Rosenberg* in der Liebe ein Grundbedürfnis des Menschen. Ihr sind weitere Bedürfnisse wie Nähe, Vertrauen, Zärtlichkeit, Intimität, Verbundenheit, Sicherheit u. v. m. untergeordnet. Individuell nach den Werten und Bedürfnissen jedes Menschen werden dabei Prioritäten gesetzt. Je nachdem, wie diese Bedürfnisse erfüllt werden, zeigen sich entsprechende Gefühle. Glücklich, fasziniert, hellwach, aufgekratzt, neugierig, lustvoll ..., wenn das Bedürfnis nach Liebe sich erfüllt. Wird dem Bedürfnis nach Liebe und seinen Unterbedürfnissen nicht entsprochen, fühlen wir uns ängstlich, mutlos, unsicher, deprimiert, einsam ...

Hier findet sich auch eine Erklärung dafür, warum jeder Mensch den Begriff Liebe anders definiert. Die prioritären Bedürfnisse, die jeder Mensch in Bezug auf sein Beziehungsverhalten wahrnimmt, sind so individuell wie der Mensch selbst. Wo für den einen Wertschätzung und Respekt an erster Stelle stehen, empfinden andere Nähe und Zuwendung als wesentlich. Trotzdem sind in der Summe die Bedürfnisse aller Menschen in der Liebe gleich, sie gliedern sich nur individuell unterschiedlich auf. („Lieben leicht gemacht" Manuela Rösel)

All diese Erkenntnisse vermitteln, trotz ihrer oft unterschiedlichen Aussagekraft, ein faszinierendes Bild. Im Hinblick auf die Problematik Borderline sehe ich eine alles überschattende Sehnsucht nach Liebe. Ein unstillbares Bedürfnis nach Zuwendung, Wahrnehmung, Nähe, Sicherheit und vielen der Liebe untergeordneten Bedürfnissen, ohne jedoch durch den Mangel an Identität tatsächlich eine Chance zu haben, zu lieben und geliebt zu werden, um der Isolation zu entrinnen. Sich an das Du hinzugeben und dabei das Ich zu finden, Ängste zu überwinden und das Leben in sich zu integrieren, scheint undenkbar.

Die Liebe ist der Sinn des Lebens ..., wenn ich mir Rosenbergs Auflistung (Kapitel Gefühle und Bedürfnisse – Gewaltfreie Kommunikation) für unerfüllte Bedürfnisse ansehe, kann ich einen Großteil dieser schmerzhaften Emotionen diesem massiven Defizit der Borderline-Betroffenen zuordnen. Ich halte es für sehr wichtig, sich dieses Zusammenhanges bewusst zu sein. Wut, Zorn, Verbitterung, Gemeinheit beziehen sich auf unerfüllte und nicht identifizierte Bedürfnisse und **niemals** auf die Person, der als Ursache der überflutenden, schmerzvollen Gefühle die Verantwortung für die gefühlten Schmerzen übertragen wird.

Es ist in der Partnerschaft, dem Leben und der Gemeinschaft mit einem Borderline-Erkrankten von höchster Wichtigkeit, sich darüber im Klaren zu sein, dass niemand die Ursache für das Ausagieren emotionaler Überflutungen ist. Die Unfähigkeit, hinter den Gefühlen ein Bedürfnis wahrzunehmen und das Unvermögen eine sinnvolle Strategie für die Erfüllung der Bedürfnisse zu finden, ist die Ursache von Hilflosigkeit und Verlassenheitsgefühlen. (Ich möchte dies immer wieder betonen, denn es ist unsagbar schwer, sich dies vor Augen zu führen, wenn man sich ausagierendem Verhalten ausgesetzt sieht.) Hier potenziert sich das Drama in sich, der Erkrankte verlässt sich selbst, indem er im Strudel verinnerlichter Machtlosigkeit buchstäblich ertrinkt. Trotzdem liegt der Umgang mit Emotionen, Bedürfnissen und Strategien in der Verantwortlichkeit der betroffenen Person.

Wenn wir die Gesamtheit der Erkenntnisse der oben angeführten Psychologen überdenken, werden wir zu der scheinbaren Konsequenz gelangen, dass Borderline-Persönlichkeiten tatsächlich nicht in der Lage sind zu lieben. Dass sie zwar mit aller Intensität durch heftige schmerzhafte Emotionen ihre Defizite signalisiert bekommen, sich aber durch das Ausagieren konträr einer sinnvollen Strategie verhalten, sich dieses lebensnotwendige Bedürfnis zu erfüllen.

Kann man lieben lernen?

Hier mag der Betrachter dieser durchaus philosophischen Frage hin und her gerissen sein. Wenn Identität eine Grundlage für die Fähigkeit des Liebens ist, wenn gleichzeitig Achtsamkeit in sich und für den anderen existent sein müssen, dann sind Zweifel durchaus angebracht. Der unstillbare Wunsch nach Verschmelzung und die Angst vor dem Verschlungenwerden, zeigen sich in der Nähe-Distanz-Problematik. Der Abwehrmechanismus der Spaltung lässt dabei keine Befriedigung der Bedürfnisse zu, die dem Komplex der Liebe angehören (Nähe, Verbundenheit, Intimität ...). Das Integrieren eines anderen Menschen, mit all seinen Fassetten, ist durch den Abwehrmechanismus des Schwarz-Weiß-Denkens unmöglich, da es ein sich Öffnen in Liebe verhindert. Der Liebe lassen sich Bedürfnisse wie Nähe, Verbundenheit, Vertrauen, Respekt und Schutz zuordnen, was jedoch ein bedingungsloses Öffnen voraussetzt. Liebe ist zudem etwas äußerst Lebendiges und ist bekanntermaßen verbunden mit sehr angenehmen, aber auch sehr schmerzhaften Gefühlen. Beide Fassetten gehören zur Liebe dazu, einen Bereich davon als bedrohlich zu empfinden und abzulehnen, hat zur Konsequenz nicht liebesfähig zu sein!

Trotzdem möchte ich behaupten, dass lieben etwas ist, was erlernbar ist. Dies beginnt mit der Fähigkeit, achtsam zu sein. Hier ist innere Wahrnehmung erforderlich, ein bewusstes In-Sich-Fühlen und die Akzeptanz des inneren Erlebens ohne Wertung. In der Gewaltfreien Kommunikation, auf die ich später detailliert eingehen werde, gibt es Möglichkeiten, seinen Partner mit seinen Gefühlen und Bedürfnissen in Verbindung zu bringen. Kontinuierliche bewusste Kommunikation bietet die Chance für den Betroffenen zu spüren, dass er:

➤ Zugang zu seinen Gefühlen findet
➤ lernt, seine Emotionen wertfrei anzunehmen
➤ die Angst verliert, nicht wahrgenommen zu werden
➤ Zugang zu seinen Bedürfnissen findet
➤ sich entsprechende Strategien erarbeiten kann
➤ unangenehme Gefühle nicht als massive Bedrohung erlebt
➤ emotionalen Überflutungen nicht hilflos ausgeliefert ist und somit ein Ausagieren abgefangen werden kann.

Hieraus ergibt sich zunächst die Chance für den Borderline-Betroffenen, sich selbst wahrzunehmen. Erst wenn die Fähigkeit entwickelt ist, in sich präsent zu sein und gleichzeitig den anderen erkennen zu können, ohne sich selbst dabei zu verlieren, ist eine einfühlsame verbindende Verständigung möglich.

Es wäre reines Wunschdenken, wenn allein durch zuwendungsvolle und behutsame Kommunikation ein Weg gefunden werden könnte, der es den Betroffenen ermöglicht, sich selbst lieben zu können und somit auch andere. Aber es ist ein unterstützender Weg, der im Zusammenhang mit vielen anderen hilfreichen Interventionen äußerst förderlich ist.

Wo fängt Liebe an?

Seien Sie sich als Partner bewusst, dass lieben bei Ihnen beginnt. Zu lieben setzt Achtsamkeit voraus. Ohne die Fähigkeit, eigene Emotionen wahrzunehmen, zu erleben und zu akzeptieren, können wir weder Zugang zu uns noch zu anderen finden. Interessanterweise benutzen fast alle Menschen den Abwehrmechanismus der Spaltung in Bezug auf ihr wichtigstes Potential – den Gefühlen.

Erlebte Emotionen werden als gut oder schlecht bewertet. „Gute" Gefühle empfinden wir als angenehm, sie zeigen uns, dass unsere Bedürfnisse erfüllt sind. Es sind keine Handlungen erforderlich. „Schlechte" Gefühle empfinden wir als unangenehm, sie haben die Funktion einer Alarmanlage und weisen uns darauf hin, dass eines oder mehrere unserer Bedürfnisse nicht erfüllt sind. Sie machen eine Handlung und damit auch die Übernahme der Verantwortung für diese Handlung nötig. Ohne entsprechende Signale wäre uns ein Überleben nicht möglich, denn Bedürfnisse sind jene Kriterien, die unsere Lebendigkeit erhalten. Hunger (Gefühl) verweist auf das Bedürfnis nach Nahrung, Angst (Gefühl) verweist auf das Bedürfnis nach Sicherheit. Emotionen, die auf Defizite hinweisen zu ignorieren, zu verdrängen oder abzuwerten, heißt sich selbst am Leben zu hindern. Somit haben ALLE Emotionen einen Sinn. „Gute" und „schlechte" Gefühle existieren nicht, es gibt allenfalls Gefühle die auf erfüllte oder unerfüllte Bedürfnisse hinweisen. Die Angst, sich mit den Gefühlen auseinanderzusetzen, die ein Defizit signalisieren und den Bezug zu ihnen zu verdrängen, hat ein Großteil der Menschen gemeinsam. Sind wir also nicht alle ein bisschen Borderline?

„Ich war randvoll mit Wut, Trauer und sogar Hass gegen meine Eltern. Ständig plagten mich Albträume und egal was ich tat, immer wieder krochen die Erinnerungen wie kleine hässliche Gespenster in mir hoch und ließen mir keine Ruhe. Bis ich eines Tages mit therapeutischer Begleitung erleben durfte, wie es sich anfühlt, wenn 30 Jahre verdrängte Gefühle von den Schultern genommen werden. Mir wurde erlaubt, alles was ich fühle auszusprechen, wobei ich auch noch ermuntert wurde, wirklich alles dabei zuzulassen. Zunächst hat mich das erschreckt, aber es war auch unglaublich befreiend. Es war völlig in Ordnung, dass ich wütend war, dass ich zu Recht trauern durfte

über meine verlorene, missbrauchte Kindheit, dass ich das Wort Hass aussprechen konnte, ohne mich dafür zu schämen und zu verurteilen. Ich hab das zugelassen und seitdem empfinde ich es auch nicht mehr. Das war eine unglaubliche Erfahrung dieses ... es ist in Ordnung wie ich bin und auch, dass ich so empfinde, mein Leben hat sich dadurch sehr verändert." (Christina, 44, Tochter.)

In der Borderline-Erkrankung ist dieser Spaltungsmechanismus allerdings besonders aktiv, da der Betroffene die intensiven und schmerzhaften Emotionen nicht als Signale wahrnehmen kann, sondern diese als massive Bedrohung empfindet. Eine durchaus sinnvolle, wenn auch für Außenstehende sehr unangenehme Strategie, wird hier in der Abwehr und im Ausagieren gefunden.

So sinnvoll diese Nothilfe-Strategie für den Betroffenen sein mag, der Partner oder Angehörige erfährt hier eine emotionale Übertragung, in der er mit einer geballten Ladung an schmerzhaften Emotionen konfrontiert wird. Wutausbrüche, Erniedrigungen, Abwertungen, tätliche Angriffe sind das Ergebnis ausagierender Handlungen.

Wenn Ihnen derartige Situationen vertraut sind, dann sind Ihnen sicher auch Ihre damit verbundenen Gefühle bekannt: Angst, Unsicherheit, Trauer, Schmerz ...

Wie genau gehen Sie mit Ihren Gefühlen um? Wie achtsam sind Sie hier mit sich selbst? Hier zeigt sich Liebe zunächst einmal darin, sich darüber bewusst zu sein, dass:

➢ niemand ein Recht hat, Sie zu bewerten oder zu beurteilen!
➢ Sie ein Recht auf eine eigene Meinung haben!
➢ Sie wie jeder andere Mensch Fehler machen dürfen!
➢ Sie ein Recht auf Respekt haben!
➢ Sie ein Recht auf körperliche und seelische Unversehrtheit haben!
➢ Sie das Recht haben, IHREN Bedürfnissen zu entsprechen!
➢ Sie das Recht haben, sich gegen Forderungen und Emotionale Erpressung abzugrenzen!

Setzen Sie in diesen Momenten Ihre Priorität auf die ausagierende Person? Unterdrücken Sie Ihre Emotionen, in dem Sie diese als schlecht, unangemessen oder falsch bezeichnen? Dann spalten Sie selbst sich von Ihren Werten und Bedürfnissen, von dem, was Ihre Lebendigkeit ausmacht ab. Sie untergraben Ihre Achtsamkeit sich selbst gegenüber, nutzen den gleichen Verdrängungsmechanismus wie Ihr von Borderline betroffener Partner und zeigen sich unfähig, für sich oder Ihren Partner zu sorgen. Das ist keine Liebe!

Spätestens jetzt sollten wir die Erkenntnis gewonnen haben, dass nur der wirklich lieben kann, der in der Lage ist, sich selbst mit Respekt und Achtsamkeit wahrzunehmen. Nur dann ist er befähigt, anderen ebenso zu begegnen. Sich selbst als wertvoll, einzigartig und liebenswert wahr-zunehmen, sich zu schützen und mit Respekt zu begegnen, ist der einzige Weg, auch Ihren Partner zu erreichen. Manipulationen nachzugeben und sich bedingungslos an instabile Verhaltensweisen anzupassen, führt unabänderlich zum Verlust Ihrer Integrität, dem Bezug zu sich selbst. Bevor Sie sich dieser Entwicklung ergeben, sollten Sie sich aus Ihrer „Partnerschaft" lösen. In der Konsequenz werden Sie, wenn Sie nicht in der Lage sind für sich einzustehen, an dieser Bindung zerbrechen. Sollten Sie bereits soweit von sich entfernt sein, dass Sie dieser Gedanke mit Gleichgültigkeit erfüllt, dann möchte ich Sie nochmals darauf hinweisen, dass Sie ohne eigene Stabilität auch nicht in der Lage sind Ihrem Partner zu helfen.

3. Co-Abhängigkeit

Begriffsklärung

An dieser Stelle möchte ich auch auf den Bereich der Co-Abhängigkeit eingehen, in der sich viele Partner von Menschen mit Persönlichkeits-störungen oder Suchtverhalten wiederfinden. Co-Abhängigkeit bezeichnet ein Bündel aus typischen Persönlichkeitsmerkmalen, Verhaltensweisen, Einstellungen und Gefühlen, welche im Zusammenleben mit einer (suchtmittel)abhängigen Person oder auch Borderline-Persönlichkeit, deren Krankheit unterstützt. Genau genommen zeigt sich Co-Abhängigkeit darin, dass Verhaltensweisen von Bezugspersonen die Fehlhaltung des Erkrankten unterstützen und eine rechtzeitige Behandlung ver- oder behindern. Die verschiedenen Parteien, die sich eigentlich gegenseitig helfen wollen, entwickeln ein ganz bestimmtes Rollenverhalten, das meist gravierende Auswirkungen auf ihre menschlichen und sozialen Beziehungen hat. Die Bezugspersonen des Erkrankten verhalten sich destruktiv, ihnen ist nicht bewusst, dass sie damit nicht ihn, sondern seine Erkrankung unterstützen.

In Bezug auf die Borderline-Erkrankung ist der Übergang vom Helfen wollen in die Co-Abhängigkeit, schon auf Grund der Persönlichkeitsmerkmale der Partner, oft vorprogrammiert. Zum einen ist dem Partner im Anfangsstadium einer derartigen Verbindung nicht klar, dass es sich in einer von Borderline geprägten Beziehung befindet. Im Zusammenleben mit einer alkoholabhängigen Person ist es hingegen relativ schnell zu erfassen, welche Problematik das Zusammenleben beeinflusst. Im Hinblick auf die Borderline-Problematik sind es ja zunächst bestimmte Verhaltensweisen, die zwar offensichtlich destruktiv präsent sind, aber oft als Charakterschwäche oder erschwerte Kindheitsbewältigung abgetan werden. Partner mit dem ausgeprägten Bedürfnis sich Liebe durch bedingungslose Hingabe zu verdienen, verlassen sehr schnell den Bereich der wirklich unterstützenden Hilfe.

Die Unfähigkeit der Selbstwahrnehmung und die eigene Problematik in Bezug auf Zuwendung und Angstbewältigung, lassen den Partner schnell Verhaltensweisen entwickeln, welche die Borderline-Erkrankung unterstützen. Das wären u. a.:

➤ das bedingungslose Anpassen an die Instabilität des Betroffenen.
➤ die Unfähigkeit konsequente Grenzen zu setzen.
➤ das Unterdrücken eigener Bedürfnisse.
➤ das übertriebene Vermeiden von Konflikten.
➤ das ständige Finden und Entschuldigen von Verhaltensweisen, die nicht tolerierbar sind.
➤ das Hinnehmen von verbalen und tätlichen Übergriffen.

Co-Abhängige übernehmen permanent die Verantwortung für die Bedürfnisse anderer und geben ihren eigenen Bedürfnissen keinen Raum mehr. Ihre Gesundheit, ihre Psyche, ihre Leistungsfähigkeit, ihr ganzes soziales Leben nehmen Schaden. Psychosomatische Erkrankungen sind die Folge. Partner und Angehörige werden zu Krisen- und Problemmanagern. Ihr Lebensinhalt und ihre Lebensenergien kreisen in erster Linie um das erkrankte Familienmitglied.

Tag für Tag versuchen sie, seine Probleme zu lösen und aufzufangen, sein Verhalten zu verstehen, zu manipulieren, zu entschuldigen, zu decken, vor der Außenwelt zu verbergen oder darauf zu reagieren. Alle Versuche, dem Abhängigen zu helfen, scheitern aber. Was bleibt, sind Enttäuschung, Empörung, Wut, Verzweiflung, Hass, Schuldgefühle, Frust, Trauer, Leid, das Gefühl der Ausweglosigkeit, Hoffnungslosigkeit und Isolation, alles Symptome, die Fachleute als Co-Abhängigkeit beschreiben. Bemerkenswert ist noch, dass sich auch andere Personen des Umfeldes eines Betroffenen co-abhängig verhalten können, wie z. B. Arbeitgeber, Kollegen, Ärzte etc. Co-Abhängigkeit betrifft vornehmlich Frauen. Männer haben, wie bereits erwähnt, die Tendenz, ihre problematischen Partnerinnen weit früher zu verlassen. Den Hintergrund für die sog. „Erlöserfalle" der Co-Abhängigen bildet auch hier die weibliche Sozialisation:

1.   „Wenn ich es nicht tue, wird es nicht getan."
2.   „Die Bedürfnisse aller anderen haben Vorrang vor meinen eigenen."

Häufig werden Erklärungen für das Fehlverhalten des Erkrankten gefunden. Seine Verantwortlichkeit wird ihm abgenommen, in dem z. B. Schuldzuweisungen von ihm akzeptiert werden. Somit muss der Abhängige nicht die Konsequenzen seines Handelns tragen und keine Verantwortung dafür übernehmen.

„Ich wusste von seiner schlimmen Kindheit, er erinnerte mich ja auch ständig an all die schlimmen Geschichten, wie seine Mutter ihn ständig allein ließ, dass er weder Zuwendung noch Fürsorge kennenlernte. Das berührte mich auch sehr und ich hab vieles nachvollziehen können. Seiner Meinung nach nutzten ihn alle aus, niemand hätte wirklich Interesse an ihm. Die Welt sei verlogen und selbstsüchtig. Also habe ich mich zurückgenommen und versucht, möglichst wenig für mich einzufordern. Für seine ständigen Wutausbrüche und Launen habe ich immer Entschuldigungen gefunden und Streit versuchte ich so gut es ging zu vermeiden, was mir aber selten gelang." (Martina, 42, ehemalige Partnerin.)

Noch ein paar Worte zum Selbstverständnis in Bezug auf Co-Abhängigkeit. Kein Partner oder Angehöriger möchte sich oder dem Betroffenem bewusst schaden. Der Weg in die Co-Abhängigkeit erfolgt schleichend und kann bereits in dem Moment beginnen, in dem ein Mensch sich aus Liebe vertrauensvoll öffnet. Ohne diese Fähigkeit ist es nicht möglich, wirkliche Nähe zu finden, daher wird jeder Mensch, der einem anderen nah sein will bestrebt sein, sich ihm zu offenbaren. Dazu gehört viel Vertrauen, denn diese Offenheit beinhaltet das Risiko der Verletzlichkeit. Dieses Vertrauen aufzubringen, gehört zu den Fähigkeiten einer gesunden Persönlichkeit. Das Urvertrauen, welches die Grundannahmen, dass das Selbst wertvoll, das Leben sinnvoll und die Welt wohlwollend ist, beinhaltet, ermöglicht uns lebensnotwendige soziale Kontakte. Jede Vorsichtsmaßnahme, die hier präventiv angewandt wird, wie z. B. das Leugnen von Persönlichkeitsmerkmalen oder das kontrollierte Zurückhalten von Informationen oder Bedürfnissen, sabotiert ein wirkliches Aufeinander zugehen. Leider agieren tatsächlich viele Menschen mit enttäuschenden Beziehungserfahrungen in dieser Form und lassen ein Bild von sich bei ihrem Partner entstehen, das dem wirklichen Selbst nicht entspricht. Da so keine wirkliche Wahrnehmung erfolgen kann, ergibt sich allenfalls eine weitere Enttäuschung, für die zumeist wieder der Partner verantwortlich gemacht wird. Sich ohne Vorbehalte zu öffnen, Vertrauen zu zeigen und Verletzlichkeit zuzulassen gehört somit zu den Verhaltensweisen die für das Entstehen einer partnerschaftlichen Beziehung unerlässlich sind.

Da der Beginn einer Beziehung zu einer Borderline-Persönlichkeit zumeist einen stark idealisierenden Charakter trägt, wird der Prozess des Öffnens noch forciert, so dass von beiden eine gegenseitige Identifikation und Verschmelzung wahrgenommen wird. Wenn aus dieser Phase der bedingungslosen Nähe für die Borderline-Persönlichkeit eine Bedrohung entsteht, wird Distanz durch Abwertung erzeugt. Diese Reaktion ist borderline-spezifisch und hat **nichts** mit dem Partner zu tun, sondern liegt allein in der mangelnden Fähigkeit des Betroffenen begründet, sich einer stabilen Nähe hinzugeben.

An diesem Punkt ist die Falle im wahrsten Sinne des Wortes aber bereits zugeschnappt. Der Schmerz beim Partner sitzt tief, die Irritation über die nicht nachvollziehbare Distanz und Abwertung ist groß und in der ersten Abwehr dieser Erfahrung wird alles getan, um die Krise ungeschehen zu machen. Im Zusammenspiel mit eigenen einschränkenden Verhaltensweisen, der Veranlagung der übertriebenen Fürsorge, der selbstlosen Zurückhaltung und der inneren eingeschränkten Selbstwahrnehmung, entstehen so co-abhängige Verhaltensweisen. Diese Entwicklung ist verständlich und ergibt zunächst durchaus auch einen scheinbar schützenden Sinn für den Co-Abhängigen. Das mit der Zeit immer schwächer werdende Selbstwertgefühl, versucht mit allen Mitteln ausagierendes Verhalten einzudämmen, um nicht noch mehr getroffen zu werden. Dass diese Vorgehensweise langfristig destruktiven Charakter trägt, ist für den Partner oder Angehörigen kaum wahrnehmbar.

Wege aus dem co-abhängigen Verhalten

Der einzige Weg, sich von co-abhängigen Verhaltensweisen zu befreien, ist das Loslassen des Betroffenen und dabei konsequent keine Versuche mehr zu unternehmen, diesen „retten" oder verändern zu wollen. Lernen Sie, sich wieder selber zu spüren, eigene Bedürfnisse ernst zu nehmen und Verantwortung für Ihr Leben zu übernehmen. Der Erkrankte muss klar mit den negativen Auswirkungen seiner Krankheit konfrontiert werden, da er sonst aus eigener Überzeugung nichts dagegen tun wird, außer, seine Problematik weiter zu verleugnen. Eine Heilung kann nur dann einsetzen, wenn er die Verantwortung für seine Lebensgestaltung selbst übernimmt und die Konsequenzen seines, durch die Krankheit bedingten Verhaltens, selbst tragen muss. Nur er kann seinen Scherbenhaufen lichten. Solange seine Bezugspersonen diese Tatsache ignorieren, wird er sich weigern, die Realität seines Verhaltens zu sehen. Warum sollte er auch? Der Leidensdruck entsteht nur bedingt oder zumindest nicht in dem Maß, wie es ihn zum Handeln bewegen würde. Die Motivation eigenverantwortlich zu handeln und somit einen Ausweg aus der Krankheit zu finden, setzt aber einen konstruktiven Leidensdruck voraus. Diese Erkenntnis ist schmerzhaft, aber notwendig. Den zerstörerischen Ablauf von Verhaltensweisen, welche die Krankheit und nicht die Heilung unterstützen, zu unterbinden, erfordert ein Umdenken des Begriffs Helfen und den Mut der Angehörigen, sich die Frage zu stellen, ob sie beim Erkennen oder beim Leugnen der Krankheit helfen wollen.

In Selbsthilfegruppen für Angehörige wurde der Begriff „Hilfe durch Nichthilfe" geprägt, was nicht bedeutet, dass der Kranke fallengelassen wird, sondern dass er die Konsequenzen seines Verhaltens selbst verantworten muss, um die Chance zu erhalten zu einer Krankheitseinsicht zu gelangen. Helfen im traditionellen Sinne kann der Angehörige erst dann, wenn der Kranke selbst wirklich von seiner Abhängigkeit loskommen will. Das heißt, Angehörige müssen sich früher oder später mit dem Thema Co-Abhängigkeit befassen, sonst können auch sie ihr Leben nicht mehr selbst bestimmen. Sie müssen lernen, über ihren Schatten zu springen und Hilfe in Anspruch zu nehmen, um sich von den verheerenden Folgen der Erkrankung des Partners zu erholen und zu ihrem eigenen Leben zurückzukehren. Das Loslassen des Problems ist ein wichtiger Schritt, um sich aus dem destruktiven Kreislauf der Co-Abhängigkeit zu befreien. Die absolut notwendige Arbeit des Co-Abhängigen an sich ist:

➤ *Im Bereich der Selbstwahrnehmung:* dem Erkennen eigener Anteile, der Stabilisierung der eigenen Persönlichkeit, der Übernahme der Selbstverantwortung, der Auseinandersetzung mit eigenen destruktiven Anteilen.

➤ *Im Bereich des Verständnisses für die Erkrankung:* durch Informationen und Auseinandersetzung mit Ursachen und Auswirkungen.

➤ *Im Bereich der Kommunikation:* durch eigenverantwortliche, achtsame und empathische Verständigung, dem Erlernen von kommunikativen Zusammenhängen und Techniken, die destruktive Auseinandersetzungen vermeiden oder abschwächen können.

Womit wir nun zu einem äußerst wichtigen Bereich kommen, der Kommunikation.

4. Kommunikation – nicht alle Theorie ist grau

Was passiert da eigentlich?

Kommunikation ist das, was wir tun, um mit uns und mit anderen in Kontakt zu treten. Wir unterscheiden hier die intrapersonelle (innere) und die interpersonelle (nach außen gerichtete) Kommunikation. Beide stehen in unmittelbarem Zusammenhang, denn wir können nur das nach außen vermitteln, was dem inneren Erleben entspricht.

Kommunikation hat immer einen Mitteilungscharakter, d. h. wir verbinden mit ihr immer ein Bedürfnis und man kann nicht NICHT kommunizieren (P. Watzlawick). Auch wenn wir uns verbal nicht miteinander auseinandersetzen, übermittelt unsere Körpersprache deutliche Signale. Selbst wenn wir uns wortlos in eine Ecke zurückziehen, den Blick gesenkt, den Körper abgewandt, um jeder Kommunikation zu entgehen, signalisieren wir deutlich, dass wir keinen Kontakt wollen, eine klare Botschaft.

Borderline-Persönlichkeiten sind, auf Grund der geschilderten Symptomatik, in ihrer Auseinandersetzung mit ihrer Umwelt mitunter stark eingeschränkt. Ausgehend von ihrer Instabilität und der mangelhaften Fähigkeit der Selbstwahrnehmung, sind sie oft nur unzureichend und in Konfliktsituationen mitunter gar nicht in der Lage, sich auf andere Menschen kommunikativ einzulassen. Wenn wir uns bewusst machen, wie die innere Kommunikation der Borderline-Persönlichkeit abläuft, in der sich alle einschränkenden Merkmale widerspiegeln, wird uns verständlich, wie destruktiv auch deren innere Kommunikation ist.

Wie sollte der Betroffene nach außen anders agieren, als er dazu nach innen in der Lage ist? Dies so wahrzunehmen ist durchaus relevant, um zu lernen, nicht die Verantwortung für emotionsgeladene Wutausbrüche zu übernehmen. Um dies im Ansatz nachvollziehen zu können, sollten Sie sich an einen Fehler erinnern, der Sie in eine unangenehme Situation gebracht hat und auf einem Blatt Papier, möglichst ohne lang nachzudenken, die ers-

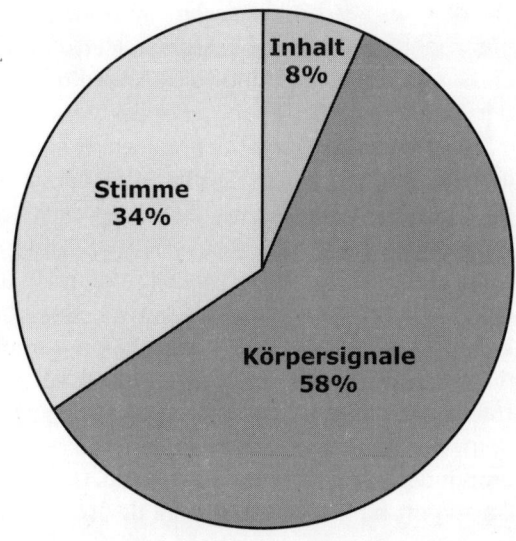

ten Gedanken notieren, mit denen sie sich anschließend selbst konfrontiert haben. Die meisten von Ihnen werden sich wahrscheinlich beschimpfen, herabsetzen und verachten. Innere Äußerungen wie „bin ich blöd", „ich habe total versagt" oder „so was passiert nur mir", zeugen von unserer destruktiven Einstellung gegenüber uns und unserem Erleben. Die wenigsten dürften einen Fehler innerlich so reflektieren, dass sie ihn als Chance werten, zu erkennen, wo beim nächsten Mal etwas verbessert werden kann. Eine derartige Haltung würde von einem gesunden Selbstwertgefühl zeugen. Es ist sehr bedeutsam, sich mit Zusammenhängen und Hintergründen der menschlichen Verständigung auseinanderzusetzen, sich selbst und eigene Fähigkeiten zu hinterfragen, Defizite anzunehmen und die Chance zu nutzen, diese in Potentiale umzuwandeln.

Gehen wir also den Dingen auf den Grund und betrachten wir zunächst einmal unsere innere Kommunikation. Die gedanklich sprachliche Auseinandersetzung mit uns selbst. Die Art und Weise, in der wir uns mit den ständigen auf uns einstürmenden äußeren Reizen auseinandersetzen und was wir in diesem Zusammenhang denken und fühlen. Unsere innere Kommunikation enthält aber noch viel mehr als die sprachliche Komponente. Die Summe an sinnlichen Wahrnehmungen wie Bilder, Töne, Gerüche, Geschmack ..., Eindrücke, die wir im Laufe unseres Lebens wahrgenommen und jederzeit abrufbereit im neuronalen Netzwerk unseres Gehirns abgespeichert haben, um sie immer wieder mit aktuellem Erleben zu verbinden und unser Empfinden und Verhalten daran zu orientieren.

Die nach außen orientierte Kommunikation ergibt sich aus unserer Fähigkeit, uns mit uns selbst auseinanderzusetzen. In der Konsequenz reflektieren wir das, was sich in unserem Inneren abspielt nach außen. Die Vielfalt der Wahrnehmungen jedes einzelnen Menschen macht einen Teil seiner Individualität aus. In Verbindung mit seiner Kommunikationsfähigkeit ist er dann in der Lage, seine Erfahrungen in der Verständigung umzusetzen.

In der Verständigung mit anderen Menschen nutzen wir zwar unsere sprachlichen Fähigkeiten, ein Großteil der Informationen, die wir weitergeben und auch empfangen, werden allerdings nicht durch die Sprache vermittelt. In einer Studie der UCLA (University of California, Los Angeles) wurde eine interessante Übersicht entwickelt. Demnach liegt der sprachliche Anteil in der Informationsvermittlung bei nur ca. 8%. Den hauptsächlichsten Anteil mit 58% hat der Bereich der nonverbalen Kommunikation. Das sind die Signale, die wir z. B. durch Mimik, Gestik und Körperhaltung weitergeben. Ihr hoher Informationswert kann unter Umständen Informationen vermitteln, die mit dem Gesagten nicht übereinstimmen. Die dabei entstehende Inkongruenz empfindet der Empfänger dieser unstimmigen Botschaft dann als irritierend. Das so oft beschriebene Gefühl der Intuition („ich habe gewusst, dass er/sie schwindelt") hat hier ihren Ursprung. Die stimmliche Ausdrucksform hat mit 34% ebenfalls einen hohen Stellenwert. Ein und dieselbe Aussage kann durch die Art der Betonung, Lautstärke und Schwingungen völlig unterschiedliche Bedeutungen haben. „Das hast du aber gut gemacht", kann je nach Betonung und Stimmlage lobend oder sarkastisch abwertend übermittelt werden.

Stellen Sie sich vor, Sie werden von Ihrem Partner mit irrationalen Vorwürfen konfrontiert und versuchen, Ihre eigene emotionale Reaktion zu unterdrücken. Sprachlich werden Sie bemüht sein, Ihren Partner zu beruhigen, innerlich aber aufgebracht und selbst voller Aggression, denn es kann verständlicherweise durchaus sein, dass Sie verletzt und ängstlich reagieren. Wie authentisch können Sie unter diesen Bedingungen wirken? Wie nimmt Ihr Partner Sie wahr? Borderline-Persönlichkeiten verfügen über große intuitive Fähigkeiten, sie sind besonders gut in der Lage, wahrzunehmen ob Inhalt, Stimme und Körpersprache übereinstimmen. Wie könnte es sich für den Betroffenen, der durch ausagierende Emotionen bemüht ist Spannungen abzubauen, anfühlen, inkongruentes und nichtauthentisches Verhalten wahrzunehmen? Die Wahrscheinlichkeit, dass sich seine Wut potenziert ist sehr hoch, da er nicht den Halt findet, den er bräuchte, um so reflektiert zu werden, dass er sich wahrnehmen und zu sich finden kann. Hier finden wir bereits einen wichtigen Faktor, der uns zeigt, wie notwendig und hilfreich es ist, uns selbst wahrzunehmen und uns so, wie wir sind, zu geben. Unser authentisches Verhalten, in Kombination mit einer spezifischen Kommunikationsform, ist ein wichtiges Detail, um unseren Partner zu erreichen.

Typische Borderline-Verhaltensweisen in der abgrenzenden bzw. kritischen Kommunikation

Für Partner von Borderline-Persönlichkeiten ist es oft schwer, sich angemessen zu artikulieren und so ihrem Bedürfnis nach Abgrenzung oder Kritik zu entsprechen. Die meisten Partner sind zu Beginn ihrer Beziehung noch in der Lage sich zu erklären, verlieren aber mit der Zeit ihre Fähigkeit, sich vertrauensvoll zu öffnen und auszudrücken. Das liegt zum großen Teil an einigen typischen, symptomatischen Verhaltensweisen ihres Partners in der Auseinandersetzung, die tief verunsichern und ängstigen können. Partner verlassen derartige Auseinandersetzungen oft mit dem Eindruck, dass ihnen das Wort im Munde herumgedreht wurde und sie selbst mit ihrem Anliegen anmaßend, verantwortungslos und völlig fehlerhaft sind. Zumeist gehen sie aus einem Gespräch, in dem sie oft nur für die einfachsten Klärungen oder Bedürfnisse sorgen wollten, mit tiefen Schuld- und Schamgefühlen heraus, sind völlig desorientiert und hilflos. Jede derartige Konfrontation hinterlässt ein tiefes

Gefühl der Unzulänglichkeit, wobei sich im Laufe der Beziehung dann eine generelle Angst vor jeder Auseinandersetzung entwickelt. Das daraus resultierende ängstliche Auftreten signalisiert dann eine deutliche Empfänglichkeit für Verunsicherungen, was letztendlich immer tiefer in ähnliche destruktive Kommunikationsabläufe führt. Warum sollte eine erfolgreiche Methode sich durchzusetzen auch aufgegeben werden.

In der verantwortungsabweisenden Borderline-Kommunikation werden Gefühle wie Wut, Ohnmacht, Irritation und Hilflosigkeit oft auf den Partner übertragen. Die kleinste Kritik oder minimalste Abgrenzung kann, wie sich aus der mangelnden Objektkonstanz heraus ergibt als Angriff und Bedrohung verstanden werden. Aus der übergroßen Angst heraus nicht richtig zu funktionieren und in der Konsequenz verlassen zu werden, resultieren die dann oft massiven und nicht nachvollziehbaren Reaktionen der Borderline-Persönlichkeit. In ihrem Bemühen das vermeintlich gefährliche Territorium der Auseinandersetzung schuld-frei zu verlassen und so ihren Ängsten zu entgehen, weist jede Individualität ihres Partners als „übergriffige Anmaßung" zurück. Eine gesunde Beziehung braucht aber gerade die Fähigkeit der Partner, sich aus einer Eigenständigkeit heraus auf den anderen einzulassen. Eine erfüllende zwischenmenschliche Bindung kann nur dann entstehen, wenn die individuellen Merkmale des Partners nicht als Bedrohung.

Zu den typischsten verantwortungsabweisenden Verhaltensweisen zählen:
1. *Die Flucht:* Das Gespräch wird abgebrochen. Der Betroffene verlässt den Raum, schickt seinen Gesprächspartner weg oder verweigert sich durch schweigen.
2. *Der Angriff:* Es erfolgt ein Gegenangriff, wobei auf eine vermeintliche Schuld des Partners an einer anderen, vom Thema losgelösten Situation hingewiesen wird.
3. *Die Zeitverschiebung:* Es werden als Konflikt wahrgenommene Situationen aus „grauen Vorzeiten" reaktiviert.
4. *Die Überschüttung:* Eine Vielzahl an Vorwürfen, die sich auf sämtliche, als disharmonisch empfundene Beziehungsmomente beziehen, wird über den Kommunikationspartner ausgeschüttet. Darunter befindet sich auch häufig eine Vielzahl an Frustrationen, die sich aus nicht erfüllten Erwartungen ergeben haben, die allerdings nie formuliert wurden (Du hast jederzeit zu erraten, was ich brauche).
5. *Die Konfliktverlagerung:* Es wird ein anderer Konflikt aktiviert und mit Wertungen und Interpretationen so besetzt, dass der Partner in eine Verteidigungs- bzw. Stellungnahmeposition gedrängt wird.
6. *Das Lächerlichmachen des Auslösers:* Die Bedürfnisse des Partners, die hinter der Abgrenzung oder Kritik stehen, werden ignoriert, wobei der

Auslöser, als zentraler Aufhänger der Situation, abgewertet und klein ge-macht wird. Die Belange des Partners werden dabei heruntergespielt und lächerlich gemacht.

7. *Die Herabsetzung:* Kann sich unmittelbar an das Lächerlichmachen an-schließen. Hier wird der Partner direkt verbal oder körpersprachlich be-leidigt, beschimpft und herabgesetzt. Das sichert dem Betroffenen den Eindruck „über" dem anderen zu stehen, im „Recht" und verantwortungs-frei zu sein.

8. *Der körperliche Übergriff:* Hier wird versucht, die Situation durch körper-liche Überlegenheit unter Kontrolle zu bekommen. Emotionale Konflikte werden auf eine körperliche Ebene verlegt, wobei die Anspannung durch nach außen gerichtete Aggressivität ausagiert wird und der Partner in eine körperliche Verteidigung (Einlassen auf diese Ebene) genötigt wird. Dabei spielt genauso der körperliche Übergriff des Betroffenen auf den Partner, wie auch der provozierte „Übergriff" durch den Partner hinein. Z. B. das bewusste Fallenlassen oder Stürzen der oder des Betroffenen mit der Suggestion an den Partner ... das hast du mir angetan.

9. Der sachbezogene Übergriff: Hier werden Gegenstände attackiert oder zerstört, vorwiegend Dinge, die dem Partner wertvoll sind.

10. *Das Implizieren von Schuldgefühlen:* Dem Partner wird suggeriert, dass er kein Recht auf die formulierte Kritik oder Abgrenzung hat, da er in ei-nem Schuldverhältnis zum Betroffenen steht. Hier wird jede Gefälligkeit oder Hilfe die irgendwann einmal gewährt wurde benutzt, um Undank-barkeit und Scham zu implizieren. Die hintergründige aber nicht ausge-sprochene Aussage ist ... du stehst in meiner Schuld, wie kannst du es wagen ... Emotionale Erpressung und das Heraufbeschwören von Kon-sequenzen des Leidens für den Betroffenen, werden hier gnadenlos dem Partner angelastet. Frei nach der Botschaft: Wenn du an deinem Anliegen festhältst werden ich oder andere darunter leiden – und du bist schuld!

11. *Die Bedrohung:* Es werden konkrete Bestrafungen formuliert, wenn der sich Abgrenzende nicht bereit ist, auf seine Bedürfnisse zu verzichten. Hier findet sich ebenfalls Emotionale Erpressung in Reinkultur wieder. Es wird genötigt, bestraft und gedroht, um einzuschüchtern und zu ängsti-gen und den Partner so gefügig zu machen.

12. *Das Senden von Schlüsselreizen/Triggern:* Der Betroffene nutzt wissent-lich die ihm von seinem Partner anvertrauten emotionalen Schwachpunk-te, um stark emotionale und unkontrollierte, erschrockene Reaktionen zu forcieren. Er vermittelt Botschaften und Aussagen, die in ihrem Inhalt den Partner an erlebte traumatische Erlebnisse erinnern und ihn dadurch emotional aufwühlen. Aus den daraus resultierenden Reaktionen bezieht er sich dann in seiner Argumentation, um sich seiner Verantwortung für

die aktuelle Situation zu entziehen und diese dem ja so „unkontrollierten und hysterischen" Partner zuzuweisen.

13. *Das Selbsttriggern:* Hier triggert sich der Betroffene selbst, indem er durch, z. B. für ihn schmerzhafte Schlüsselwörter, Situationen wiederbelebt, die es ihm erlauben, sich emotional aufzuputschen und in einer Opferposition zu sehen. Dabei vermischen sich eigene traumatische Erfahrungen mit dem aktuellen Geschehen und „berechtigen" zu der Annahme, verfolgt, attackiert und bedroht zu werden, was dann natürlich entsprechende Gegenmaßnahmen rechtfertigt.

Besonders im letzten Punkt spielt die symptomatische Wahrnehmungsverzerrung eine große Rolle. Obwohl sie auch in alle anderen Methoden mit einfließt, entwickelt sich aus der Vermischung des einmal traumatisch Erlebten und der aktuellen Konfrontation eine unglaublich intensive emotionale Reaktion, die mit der Realität des Augenblicks oft in keinem Zusammenhang steht. Für den Partner völlig unverständlich, erlebt dieser nicht nachvollziehbare Reaktionen, die für ihn in keinem Zusammenhang zum eigentlichen Ursprung stehen.

Kennzeichnend aber für alle oben beschriebenen Verhaltensweisen der Verantwortungsübertragung, ist das Heraufbeschwören von Situationen, die vom eigentlichen Thema wegführen und gleichzeitig belegen sollen, dass der Empfänger der Kritik oder Abgrenzung, keinerlei Verantwortung an der aktuellen Konfliktsituation trägt. Zugleich wird durch massiven, emotionalen Druck der Beweis angetreten, dass schon immer und jedes Mal der Partner „schuldig" war und ist und, wie es zukünftig auch immer wieder angeführt werden wird, auch bleibt.

Um die so theoretisch aufgezeigten verantwortungsabweisenden Verhaltensweisen lebendig und nachvollziehbar werden zu lassen, möchte ich sie noch einmal an einem konkreten Beispiel erläutern.

Ein Beispiel:

Stefanie ist seit 2 Jahren in einer Beziehung mit Bernd. Bernd ist Borderline diagnostiziert und zurzeit ohne therapeutische Begleitung. Stefanie hatte vor einigen Jahren selbst eine Psychotherapie in Anspruch genommen, weil sie es nicht verkraftet hat, dass ihr Vater sich das Leben genommen hat. Bisher haben Bernd und Stefanie in zwei verschiedenen Städten gelebt, erst vor einigen Wochen sind sie im Wohnort von Bernd zusammengezogen. Diese Entscheidung fiel Stefanie schwer, da sie sich so beruflich wie auch privat, an ihrem neuen Wohnort erst wieder etablieren muss. Da sie sich einen neuen Freundeskreis aufbauen möchte, besucht sie gern Ausstellungen oder Veranstaltungen, die ihren Interessen entsprechen. Trotz ihrer Bitten ist Bernd aber nicht bereit sie zu begleiten, weshalb Stefanie nun allein gehen möchte.

Sie nutzt für ihr Gespräch einen ruhigen Moment und fragt zunächst ... "*Am Samstagabend treffen sich einige meiner Kollegen in der Galerie am Stadtpark. Da wird eine neue Ausstellung eröffnet und wir erhoffen uns ein paar Inspirationen für unser neues Projekt. Ich würde mich freuen, wenn du mich begleiten würdest.*" Bernd antwortet ... „*ne lass mal, den ganzen Kunstkram kann ich eh nicht ab, außerdem kommt da ein toller Film, der wäre auch was für dich, also bleib mal lieber hier.*" Stefanie ist enttäuscht, diesmal möchte sie aber gehen, auch wenn er nicht mitkommt.

„*Gut, Bernd, es ist o.k., wenn du daran keinen Spaß hast, ich wäre gern mit dir gegangen. Ich möchte aber gern mal wieder einen Abend in Gesellschaft verbringen und mich mit anderen über die Galerie austauschen können und deshalb werde ich, wenn du nicht mitkommen möchtest, auch allein gehen.*"

1. *Die Flucht:* Bernd wirft wütend die Fernsehzeitung auf den Tisch und verlässt mit den Worten „na vielen Dank, da kann ich ja sehen, wie viel dir an mir und unserer Beziehung liegt" den Raum
2. *Der Angriff:* Bernd reagiert mit: „Na klasse, du denkst eben nur an dich und deinen Spaß. Dass ich dich hier vielleicht brauchen könnte, merkst du gar nicht. Du lässt mich eben immer im Stich, genau wie letzte Woche Montag, als du zu spät nach Hause gekommen bist. Und wer weiß, was da so läuft bei dir, vielleicht willst mich ja loswerden und ich war eben nur das Sprungbrett, um hier Fuß zu fassen ..."
3. *Die Zeitverschiebung:* Bernd erinnert Stefanie an einen Konflikt der 1½ Jahre zurückliegt. „Das hast du damals schon genauso gemacht, als du damals laufend in diesen Volksschulkurs gegangen bist. Ohne Rücksicht auf Verluste. Diese blöde Prüfung war dir wohl wichtiger als unsere Beziehung ..."
4. *Die Überschüttung:* Bernd überschüttet Stefanie mit Vorwürfen. „Nie hast du Zeit für mich, ich bin dir doch total egal. Vorgestern hast du sogar vergessen, mir die Sachen aus der Reinigung mitzubringen. Laufend telefonierst du mit irgendwelchen Leuten. Vorletztes Wochenende hab ich mich so auf ein gemeinsames Essen gefreut und dann hast du diesen Arbeitseinsatz mitgemacht ..."
5. *Die Konfliktverlagerung:* Bernd erinnert Stefanie an die Auseinandersetzung letzte Woche, als es um das Haushaltsbudget ging. „Vielleicht solltest du erst mal nachrechnen, ob wir uns solche unnötigen Ausgaben leisten können. Erst letzte Woche hast du mir erzählt, dass wir für die Autoreparatur kürzer treten müssen und jetzt wirfst du das Geld mit vollen Händen aus dem Fenster ..."
6. *Das Lächerlichmachen des Auslösers:* Bernd ignoriert Stefanies Bedürfnis

nach Kontakt und Austausch mit anderen. „Tu doch nicht so, als ob du irgendwas von Kunst verstehst. Da stehst du dann also bei den ganz großen Kunstkennern und ihr zelebriert euren großen Kunstverstand. Dabei geht es ja eh nur um kostenlose Häppchen ...“

7. *Die Herabsetzung:* „Du bist doch viel zu blöd für so was, als ob du davon Ahnung hast. Wer will sich da denn schon mit dir austauschen. Du kannst ja noch nicht mal richtig eine Tür streichen, wenn du schon für diese Malerei zu bescheuert bist, was willst du denn da ... ?

8. *Der körperliche Übergriff:* Bernd greift Stefanie an den Oberarmen und stößt sie auf die Couch. Als sie wieder aufstehen will, drückt er sie zurück und hält sie fest. Beim Versuch sich frei zu machen, versucht Stefanie Bernd wegzudrängen, wobei er sich dann nach hinten fallen lässt, sich am Tisch stößt und schmerzhaft aufschreit.

9. *Der sachbezogene Übergriff:* Bernd wirft sein gefülltes Bierglas gegen eines von Stefanies Lieblingsbilder und zerreißt von ihr angefertigte Skizzen und Entwürfe.

10. *Das Implizieren von Schuldgefühlen:* Bernd erinnert Stefanie an die von ihm gewährte Hilfe: „Vielleicht erinnerst du dich mal daran, dass ich dir geholfen habe ein Umzugsunternehmen zu finden, damit du überhaupt hier her ziehen kannst. Als du letztes Jahr krank warst, hab ich dich laufend in die Klinik gefahren und mich um deinen Kater gekümmert. Ich hab extra deinetwegen Urlaub genommen und jetzt das ...“

11. *Die Bedrohung: Bernd bedroht Stefanie:* „Wenn du nicht zu Hause bleibst, wirst du schon sehen, was du davon hast. Du brauchst dann gar nicht erst wiederkommen und kannst dir gleich eine eigene Wohnung suchen ...“

12. *Das Senden von Schlüsselreizen/Triggern:* Bernd berührt Stefanies wundesten Punkt: „Kein Wunder, dass dein Vater sich umgebracht hat, bei so einer Tochter blieb ihm wahrscheinlich nichts anderes übrig...“

13. *Das Selbsttriggern:* Bernd zunächst zu Stefanie und dann immer mehr in einen Monolog mit sich selbst verfallend: „Du bist genau wie die anderen, die mich immer wieder fallengelassen haben. Ich war schon immer der letzte Dreck, nach mir konnte ja jeder treten. Ich mach mich krumm und für mich ist nie einer da. Guck nicht so als ob ich ein Ungeheuer bin. Denkst wohl ich habe nicht mehr alle Tassen im Schrank. Wäre dir wohl am liebsten wenn ich in die Klapsmühle gehe, dann wärst du mich endlich los ...“

Vielfach fließen die einzelnen Methoden ineinander und verweben sich zu einem dichten Netz, welches sich über sein Opfer legt und buchstäblich lähmt. Die Konfrontation mit den vermischten, oft sehr emotionalen Angriffen, verwirrt massiv und verleitet dazu, Stellung zu beziehen, sich zu rechtfertigen und sich zu verteidigen, was die Situation allerdings noch mehr anheizt und nur allzu häufig eskalieren lässt. Letztendlich erstickt der gescheiterte Versuch einer Abgrenzung oder Kritik in dem Schlusssatz „sieh nur was du angerichtet hast, wie ich jetzt deinetwegen leiden muss, nur weil du ...". Jeder weitere Versuch einer „Auflehnung" wird so schon präventiv damit geimpft, dass derartige Versuche nicht nur unberechtigt sind, sondern auch noch für andere schreckliche Konsequenzen haben. Eine unglaublich effektive Methode sich der eigenen Verantwortung zu entziehen, sie dem anderen anzulasten und gleichzeitig dafür zu sorgen, künftig von derartigen „Ansprüchen" verschont zu bleiben.

Stefanie ist nach diesem Bombardement jedenfalls völlig verwirrt und hat den Bezug zur Ausgangssituation, nämlich ihrem einfachen Wunsch nach Kontakt und Austausch, verloren.

Welche Möglichkeiten gibt es nun, sich bewusster und damit auch handlungsfähiger in einer derartigen Interaktion zu behaupten?

Die Gewaltfreie Kommunikation nach M. B. Rosenberg

Im Folgenden werde ich Sie zunächst mit dem theoretischen Konzept der Gewaltfreien Kommunikation vertraut machen. In ihr ist ein beeindruckendes Potential für Ihre eigene, nach innen gerichtete Wahrnehmung und Kommunikation enthalten, wie auch in Ihren Möglichkeiten, nach außen zu agieren. Viele der Interventionen die Sie verwenden können, um Zugang zu sich selbst zu erhalten oder um Ihren Partner besser wahrnehmen zu können, basieren auf der Methodik der GfK.

Entwickelt wurde die Gewaltfreie Kommunikation (folgend „GfK" genannt) von Dr. Marshall Rosenberg. Er promovierte 1961 in klinischer Psychologie an der Universität von Wisconsin. Vorrangig galt sein besonderes Interesse den menschlichen Beweggründen zur Gewalttätigkeit und Aggression. Seine Überzeugung, dass diese Art der Auseinandersetzung mit der Umwelt nicht zu den menschlichen Bedürfnissen gehört, wurde die Basis seines Konzepts und den damit in Zusammenhang stehenden Strategien.

M. B. Rosenberg betont, dass alle Menschen, unabhängig ihrer Religion, Hautfarbe, Sprache, Einstellungen und Werte, die gleichen Bedürfnisse haben und sich hinter allem was sie tun ein Bedürfnis verbirgt. Die große Chance der Verständigung liegt darin, diese Bedürfnisse wahrzunehmen und auf sie einzugehen. 1984 gründete er das „Center for Nonviolent Communication", dessen zentrale Aufgabe in der Ausbildung, dem Erlernen, Anwenden und der Verbreitung der GfK liegt. Mittlerweile existiert ein weltweites Netz von Trainerteams und Organisationen. M. B. Rosenberg selbst reist in seiner

Funktion als Konfliktmediator regelmäßig durch Krisengebiete in Afrika, Osteuropa und im Nahen Osten und hält Workshops in den USA und Europa.

Die Gewaltfreie Kommunikation gründet sich auf eine sprachliche und kommunikative Fähigkeit, die es Menschen ermöglicht, selbst unter herausfordernden Umständen menschlich zu bleiben. Als menschlich definiere ich in diesem Zusammenhang die Fähigkeit, Zugang sowohl zu den eigenen, der Kommunikation zugrundeliegenden Bedürfnissen zu haben, wie auch zu denen des Kommunikationspartners. Dabei werden Strategien verwendet, die auf Respekt und Aufmerksamkeit basieren und ein echtes aufeinander Eingehen ermöglichen. Die Kommunikation erhält so die Chance, nicht konträr sondern konform zu verlaufen. In der Konsequenz werden dabei Aggressionen vermieden, bzw. rechtzeitig so wahrgenommen, dass die auslösenden Momente identifiziert und hinterfragt werden können.

GfK an sich ist keine neue Errungenschaft und enthält Methoden und Strategien, die seit Jahrhunderten bekannt sind. Im Laufe der gesellschaftlichen Entwicklung wurden diese Strategien jedoch verdrängt, um „zivilisierten" Ansprüchen gerecht zu werden. Diese Ansprüche beinhalten die Notwendigkeit, Menschen zur Anpassung zu manipulieren. Eine Voraussetzung dafür ist der Verlust eigener, lebendiger Anteile, nämlich die Fähigkeit, seine Emotionen wahrzunehmen und zu akzeptieren und durch diese auf ein zu Grunde liegendes Bedürfnis zu schließen. Indem das Menschsein über das Denken definiert wird, in dem Wertungen (gut, schlecht, richtig, falsch) erfolgen, verlieren wir den inneren Bezug zu uns und anderen. Die sich daraus entwickelnde lebensfremde Sprache macht abhängig von der Bewertung anderer, sie schränkt die Entwicklung der Identität ein und bietet letztendlich einen guten Nährboden für autoritäre Führung. Denn da, wo wir nicht die Verantwortung für uns übernehmen, brauchen wir Führung und Manipulation von außen und werden letztendlich zu Sklaven unserer eigenen Unfähigkeit zu leben.

Wie funktioniert die Gewaltfreie Kommunikation?

Die GfK enthält eine Vielzahl verschiedenster Facetten, die in diesem Zusammenhang zu umfangreich sind, um sie hier darzustellen. Aus diesem Grund werde ich mich auf die wichtigsten Strategien beschränken, die eine Übersichtlichkeit ermöglichen und nicht durch eine Flut an Informationen verwirren. Zu einem späteren Zeitpunkt werden immer wieder Details aus der GfK auftauchen, so dass erkennbar wird, wie umfassend und wertvoll diese Art der Kommunikation ist (Marshall B. Rosenberg, Gewaltfreie Kommunikation – Eine Sprache des Lebens).

Gewaltfreie Kommunikation besteht aus vier Schritten, die im Einzelnen leicht nachzuvollziehen sind. Auf Grund der dabei erforderlichen ständigen inneren Präsenz und der Kontrolle über alte hinderliche Verhaltensmuster, ist die Umsetzung jedoch ungewohnt und deshalb anfangs recht schwierig.

1. *Die Beobachtung:* Hier werden neutral und interpretationsfrei reine Tatsachen beschrieben. Das ist schwieriger als es klingt, da Worte wie „immer, schon wieder, dauernd, ewig" und Bewertungen aller Art nicht vorkommen dürfen.
2. *Die Gefühle:* Beschreiben, welche Gefühle dies ausgelöst hat, z. B. „Ich bin jetzt verletzt, verunsichert, verärgert ..." dabei gilt es jede Kausalität zu 1. und dem anderen zu vermeiden wie „deswegen, weil Du ...".
3. *Die Bedürfnisse:* Welche Bedürfnisse ich habe, z. B. respektiert, gewertschätzt, gefragt zu werden, bzw. Bedürfnis nach Ruhe, Zuverlässigkeit etc.
4. *Die Bitte:* Eine Bitte formulieren, die mit einer konkreten Handlung verbunden ist, z. B. „Ich möchte dich bitten, unsere Vereinbarung einzuhalten", „... die Musik etwas leiser zu machen" etc.

Ein wichtiger Bestandteil der GfK ist es, Gefühle wertungsfrei wahrzunehmen. Es gibt weder schlechte noch gute Gefühle. Gefühle, die sich schlecht anfühlen, weisen lediglich auf unerfüllte Bedürfnisse hin. Sie geben uns die Chance, Strategien zu entwickeln, um diese Bedürfnisse zu befriedigen. Nehmen wir zum Beispiel den Ärger: ein Gefühl, das sich nicht gut anfühlt, aber gut ist. Warum? Ärger gibt mir die Möglichkeit, mich zu fragen, warum bin ich ärgerlich? Was brauche ich, um den Ärger nicht mehr fühlen zu müssen? Ärger zeigt mir, dass mir etwas fehlt. Besonders schwierig wird die Situation, wenn ich mich darüber ärgere, dass ich mich ärgere. Wenn ich mir sage, dass es schlecht ist, so zu fühlen, nicht brav, gehorsam oder nett. Ich kann dann meine emotionale Alarmanlage ignorieren, habe mich in meiner inneren Kommunikation für dieses Gefühl abgewertet und es nicht geschafft, Zugang zu mir zu finden. Natürlich ist dies auch ein bequemer Weg, ein scheinbar bequemer Weg, denn meine Unlust, die Verantwortung für das, was in und mit mir geschieht wahrzunehmen, hat Konsequenzen. Diese sind vielseitig und erschreckend, denn Körper und Seele sind eine Einheit und die Unzahl der psychosomatischen Erkrankungen und explodierende Kosten im Gesundheitswesen sprechen ihre eigene Sprache.

Ein weiterer und sehr wichtiger Punkt ist die Tatsache, anzuerkennen, dass ich für das, was ich fühle, selbst verantwortlich bin. Das, was andere tun, kann der Auslöser für das sein, was ich fühle, aber niemals die Ursache. Niemand anderes kann Gefühle in mir verursachen, dazu bin nur ich selbst in der Lage. Das, was andere tun oder lassen und MEIN Denken darüber, was sie tun sollten oder müssten, bzw. MEINE Meinung was richtig oder falsch ist, meine Wertungen über vermeintliche Hintergründe, verursacht Emotionen wie Ärger, Schmerz oder Wut.

Verantwortungszuschreibende Formulierungen:
➤ Ich bin ziemlich sauer, **weil du** zu spät kommst!
➤ Ich bin enttäuscht, **weil du** so unpünktlich bist!
➤ Ich bin traurig, **weil du** mich wohl nicht so ernst nimmst!

Das sind Reaktionen, die zwar dem entsprechen, was wir als normal empfinden, aber sie lehnen die Verantwortung für eigene Gefühle ab und implizieren sie auf den Kommunikationspartner.

Verantwortungsübernehmende Formulierungen:
➤ Ich bin ziemlich sauer, **weil ich** gern mehr Zeit mit dir verbracht hätte!
➤ Ich bin enttäuscht, **weil ich** gehofft habe, dass wir das Kino noch schaffen!
➤ Ich bin traurig, **weil ich** denke, dass du mich nicht ernst nimmst!

Achten Sie in Ihren Gesprächen mit Ihrem Partner darauf, die Verantwortung für das, was Sie fühlen, zu behalten. **Ich bin ... weil ich ...** zeigt Ihrem Partner, dass er nicht die Ursache für Ihr Empfinden ist, das Gefühl des Vorwurfes wird so entkräftet.

Beginnen Sie in Ihrem Alltag damit, in sich hineinzufühlen und zu erspüren, wann jemand in Ihnen ein Gefühl auslöst, das darauf schließen lässt, dass Ihnen etwas fehlt. Üben Sie entsprechende Formulierungen und achten Sie darauf, dass Sie niemandem anlasten, die Ursache für Ihr Empfinden zu sein.

Gefühle und Bedürfnisse

Welche Gefühle können Sie eigentlich verbalisieren? Wie umfangreich zeigt sich Ihr Wortschatz, wenn es darum geht, dem Fühlen einen Namen zu geben? Hier zeigen sich bereits die eingeschränkten Möglichkeiten, da wir im Laufe unseres Lebens zwar gelernt haben uns mit logischen Vorgängen auseinanderzusetzen, jedoch nicht mit dem, was in uns lebendig ist.

Nachfolgend habe ich jeweils eine Liste der Gefühle aufgestellt, die zum einen auf erfüllte und zum anderen auf unerfüllte Bedürfnissen hinweisen, sowie eine Liste der Bedürfnisse. Sämtliche Auflistungen erheben keinen Anspruch auf Vollkommenheit und dienen lediglich der Orientierung.

Gefühle, die auf erfüllte Bedürfnisse hinweisen sind u. a.:

agil, aktiv, angenehm, anhänglich, anschmiegsam, arbeitsam, atemlos, attraktiv, aufgedreht, aufgekratzt, aufgeregt, aufmerksam, ausgeglichen, ausgelassen, begeistert, behaglich, behände, belebt, beruhigt, beschaulich, beschwingt, besinnlich, beständig, beweglich, bewegt, bezaubert, blendend, dankbar, dynamisch, eifrig, ekstatisch, empfindsam, emsig, energievoll, enthusiastisch, entspannt, entzückt, erfüllt, ergriffen, erleichtert, erwartungsvoll, fantastisch, fasziniert, freudig, freundlich, friedlich, frisch, froh, fröhlich, gebannt, geborgen, gelassen, gelöst, gemütlich, gesammelt, gesellig, gespannt, gesund, glücklich, gut, gut gelaunt, heiter, hellwach, hingerissen, hoffnungsvoll, inspiriert, interessiert, klar, konzentriert, kräftig, lebendig, lebhaft, leicht, lustig, locker, lustvoll, motiviert, munter, mutig, neugierig, offen, optimistisch, quicklebendig, robust, romantisch, ruhig, sanftmütig, satt, sicher ...

Gefühle, die auf unerfüllte Bedürfnisse hinweisen sind u. a.:

abgespannt, abwehrend, abwesend, aggressiv, alarmiert, angeekelt, angespannt, angsterfüllt, ängstlich, antriebsarm, apathisch, ärgerlich, aufgekratzt, ausgelaugt, bedrückt, beklommen, belastet, bekümmert, benebelt, beschämt, besorgt, bestürzt, betroffen, betrübt, beunruhigt, bitter, blockiert, deprimiert distanziert, dumpf, durcheinander, durchgedreht, düster, eifersüchtig, einsam, erschöpft, explosiv, fahrig, faul, feindselig, frustriert, furchtsam, gedankenverloren, gehemmt, geistesabwesend, geladen, gemein, giftig, gleichgültig, hart, Hass, hektisch, hilflos, irritiert, konfus, kraftlos, krank, kribbelig, kühl, labil, lahm, lasch, leblos, leer, lethargisch, lustlos, melancholisch, miserabel, missmutig, müde, mutlos, neidisch, nervös, panisch, passiv, peinlich, perplex, pessimistisch, rastlos, resigniert, ruhelos, sauer, scheu, schläfrig, schlapp, schlecht, Schmerz, schockiert, schrecklich, schüchtern, schuldig, schwach, schwer, schwermütig, sentimental, skeptisch, sorgenvoll, starr, teilnahmslos, todmüde, traurig, träge, trist, trotzig, trüb, trübsinnig, überlastet, überwältigt, unausgeglichen, unbehaglich, unbequem, unerfüllt, ungeduldig, ungehalten, ungemütlich, unglücklich, unklar, unruhig, unsicher, unstetig, unter Druck, unwillig, unwohl, unzufrieden, verklemmt, verloren, verkrampft, verrückt, verschlossen, verspannt, verstört, verwirrt, verzagt, verzweifelt, wehmütig, widerstrebend, widerwillig, wortkarg, wütend, zaghaft, zappelig, zermürbt, zittrig, zögerlich, zornig, zurückgezogen ...

Bedürfnisse sind u. a.:

Abwechslung, Aktivität, Akzeptanz, Aufmerksamkeit, Austausch, Ausgewogenheit, Authentizität, Autonomie, Bewegung, Beständigkeit, Bildung, Effektivität, Ehrlichkeit, Einfühlung, Entspannung, Entwicklung, Freiheit, Freude/

Spaß, Frieden, Geborgenheit, Gesundheit, Gemeinschaft, Glück, Harmonie, Identität, Initiative, Integrität, Inspiration, Intensität, Kultur, Kongruenz, Kontakt, Kraft, Kreativität, Lebensfreude, Liebe, Menschlichkeit, Mitgefühl, Nähe, Natur, Offenheit, Originalität, Ordnung, Respekt, Ruhe, Selbstbestimmung, Selbstverantwortung, Selbstverwirklichung, Sicherheit, Sinn, Schutz, Sexualität, Struktur, Unterstützung, Verantwortung, Verbundenheit, Vergnügen, Vertrauen, Verständigung, Wahrgenommen werden, Wärme, Wertschätzung, Zentriertheit, Zugehörigkeit ...

Hinter jedem negativen Gefühl steht ein nicht erfülltes Bedürfnis. Die Unfähigkeit, aus dem Gefühl auf das Bedürfnis zu schließen und das Unvermögen, eine entsprechende bedürfnisorientierte Strategie zu finden, ist die Basis für Aggression und Gewalt.

Der Umgang mit der Gewaltfreien Kommunikation ermöglicht uns, starre und festgefahrene Wege der Kommunikation zu verlassen. Die Flexibilität die sich aus ihr ergibt, lässt uns wirklichen Kontakt finden und zwar in erster Line zu uns selbst und daraus resultierend auch zu anderen. Dabei wird nicht nur die problematische Kommunikation berührt, sondern jeder alltägliche Kontakt.

Auf die vorangegangenen Übersichten zu den Gefühlen und Bedürfnissen werde ich noch mehrfach zurückkommen, denn der Umgang mit ihnen ist ein wichtiger Bestandteil in der Transparenz Ihrer inneren und äußeren Kommunikation.

SET-Kommunikation

Support (Unterstützung), Empathy (Mitgefühl) und Truth (Wahrheit) sind die Bestandteile dieser Kommunikationsform, die am Saint John´s Mercy Medical Center in St. Louis, für Borderline-Patienten entwickelt wurden, die sich in einer Krise befinden. In akuten Krisenphasen ist die Borderline-Persönlichkeit kaum in der Lage chaotische Gefühlszustände, wie alles beherrschende Angst und Hilflosigkeit, abzuwehren. Außenstehenden ist es nur schwer möglich, den Betroffenen zu erreichen und unterstützend zu wirken. Die SET-Kommunikation kann dabei helfen, zugrunde liegende Ängste anzusprechen und gleichzeitig ehrlich und mitfühlend zu reflektieren. Die dabei ausgestrahlte Kongruenz vermittelt Sicherheit und Stabilität, die es möglich macht die Krise einzudämmen und den Betroffenen zu erreichen (Jerold J. Kreismann, Hal Straus, „Ich hasse dich – verlass mich nicht" – Die schwarzweiße Welt der Borderline-Persönlichkeit).

S *Support-Unterstützungsphase:* Beinhaltet eine persönliche, gefühlvolle Stellungnahme des Angehörigen oder Partners und beruht im Wesentlichen darauf, helfen und unterstützen zu wollen. Formulierungen wie:

➤ Ich mache mir wirklich Gedanken um dich!

➤ Ich bin sehr besorgt, wenn ich sehe dass ...

➤ Ich bin beunruhigt, wenn ich höre dass ...

E *Empathy-Einfühlungsphase:* Beinhaltet die Anerkennung und Wahrnehmung der Gefühlszustände des Betroffenen. Hier geht es um die einfühlsame Spiegelung der Gefühle. Wichtig ist es hier, nicht Mitleid mit Mitgefühl zu verwechseln. Mitleid (du tust mir leid) vermittelt die Anerkennung von Hilflosigkeit und impliziert diese auch. Mitgefühl erkennt das Gefühl des anderen an, ohne dabei herablassend zu wirken. Z. B.:

➤ Ich kann spüren, wie verzweifelt du bist.

➤ Ich kann sehen, wie traurig du bist.

➤ Das ist bestimmt ganz schrecklich für dich und macht dir sicher Angst.

T *Truth-Wahrheitsphase:* Beinhaltet die Zurückweisung der Eigenverantwortung an den Betroffenen und verdeutlicht, dass dieser für sein Leben selbst verantwortlich ist und andere ihm diese Eigenverantwortung nicht abnehmen können.

Dabei sind Schuld oder Strafzuweisungen unangebracht. Wahrheitsaussagen beziehen sich auf die Frage was zu tun ist, um das Problem zu lösen.

5. Von Manipulationen und Grenzen

Emotionale Erpressung

Ein sehr wichtiger Bereich, in dem wir das Wissen um das, was wir fühlen und brauchen benötigen, ist unter anderem der Bereich der Emotionalen Erpressung. Dieser Begriff wurde von Susan Forward geprägt, die sich in ihrer psychologisch-praktischen Arbeit intensiv mit der Thematik der Manipulation auseinandersetzte. Sie hat zu dieser Thematik ein hervorragendes Buch auf den Markt gebracht, was ich sehr empfehle (Susan Forward/Donna Frazier, „Emotionale Erpressung". Wenn andere mit Gefühlen drohen). Entsprechende Literaturhinweise finden Sie noch einmal am Ende des Buches. Sozusagen als Einführung in konzentrierter Form, werde ich Sie mit dem Begriff, den Konsequenzen und den sich daraus ergebenden Möglichkeiten vertraut machen und Kernaussagen ihres Buches hier aufführen. Die Thematik der Emotionalen Erpressung ist im Bereich der Kommunikation mit Borderline-Persönlichkeiten äußerst relevant.

Klären wir zunächst einmal den Begriff. Was ist Emotionale Erpressung? Aussagen oder Inhalte wie:

➤ „Wenn du mich wirklich liebst, würdest du das für mich tun ..." (beweise deine Liebe.)

➤ „Wenn du das nicht machst, wirst du sehen, was du davon hast ..." (Ich werde dich bestrafen, wenn du nicht in meinem Sinn funktionierst.)

➤ „Mir wird es sehr schlecht gehen, wenn du nicht tust, was ich von dir brauche ..." (Und du bist schuld daran.)

sind Opfern der Emotionalen Erpressung hinreichend bekannt. Genau betrachtet ist sie eine schwerwiegende Form von Manipulation, bei der Menschen, die dem Opfer nahe stehen, direkt oder indirekt damit drohen, es zu bestrafen, wenn es nicht das tut, was sie wollen. Emotionale Erpressung wird dann eingesetzt, wenn vorher einzelne Manipulationen erfolgreich waren und hat das Ziel, den Erpressten auf Kosten seiner eigenen Gefühle und Bedürfnisse zur Einwilligung in die Forderungen des Erpressers zu zwingen. Dabei können alle Aspekte der Kommunikation eingesetzt werden. Die direkte verbale Konfrontation, subtile Anspielungen (Bemerkungen, Seufzer ...), kompletter Entzug (Distanz, Schweigen ...) sowie auch körpersprachliche Signale (Blicke, Mimik, Haltungen ...). Es ist aber nahezu unmöglich, sich über diesen Vorgang im Klaren zu sein, wenn man sich zum einen nicht der Strategien bewusst ist und zum anderen keinen Zugang zu sich selbst findet, weil Angst und Pflichtgefühle das verhindern. Es geht auch hier in erster Linie darum, sich zu befähigen, sich und den anderen bewusst wahrzunehmen und in der Konsequenz Grenzen setzen zu können. Hier findet sich eine entscheidende

Chance, Stabilität zu vermitteln und Verantwortung dahin zu delegieren, wo sie hin gehört. Um den Vorgang der Emotionalen Erpressung transparenter zu machen, sollten wir uns zunächst einmal darüber bewusst sein, dass hierzu immer zwei Parteien gehören, ein „Erpresser" und ein „Opfer".

Der Erpresser

Allein der Begriff assoziiert etwas Übermächtiges, Kriminelles, was Hilflosigkeit und Unterwerfung zur Folge hat. Aber der Eindruck täuscht. Emotionale Erpresser sind Menschen, die Frustrationen nur schwer ertragen können, da diese für sie mit tiefen und unerträglichen Verlustängsten verbunden sind. Ihren Forderungen nicht zu entsprechen heißt für sie, persönlich zurückgewiesen zu werden. Sie sind kaum in der Lage, ihr Verhalten mit dessen Konsequenzen in Verbindung zu bringen. Allein die Befreiung von der unerträglichen Verlustangst zählt. Gedanken an das Opfer oder die Wirkung der Erpressung sind tatsächlich nicht vorhanden. Sie maßen sich eine Macht an, die sie nicht besitzen, die sie aber durch ihr Opfer erhalten.

Emotionale Erpressung ist immer ein Ausdruck von Hilflosigkeit! Dies so wahrzunehmen sollte uns befähigen, die Motivation des Erpressers zu hinterfragen.

Das Opfer

Wie auch beim Begriff des Erpressers erfolgt hier eine Assoziation, die der Realität nicht gerecht wird. Ein Opfer ist hilf- und wehrlos. Wenn die Verantwortung für das eigene Wohlergehen an den Erpresser abgegeben wird, wird das Opfer als solches in erster Linie nicht durch den Erpresser geprägt, sondern durch sich selbst. Durch sich wiederholende Signale, wann es nicht in der Lage ist für sich zu sorgen, trainiert es den Erpresser geradezu, diese Situationen zu registrieren und zur Durchsetzung seiner Zwecke zu benutzen.

In dem Maße, in dem es sich seinen Forderungen und Manipulationen beugt, signalisiert es, wie weit der Erpresser gehen kann, um seine Ansprüche befriedigt zu bekommen. Besonders bitter für das Opfer ist die Tatsache, dass oft intime Informationen, die im Vertrauen und dem Wunsch nach Nähe und Verbundenheit an den Erpresser weitergegeben wurden, von diesem manipulativ benutzt werden. Selbstvorwürfe sind hier aber fehl am Platz. Der Wunsch nach Intimität, Nähe und Verbundenheit setzt eine vertrauensvolle und offene Haltung voraus. Sehr häufig versuchen Menschen, die bereits leidvolle Erfahrungen mit Emotionaler Erpressung haben, sich davor zu schützen, in dem sie sich verschließen. Sie verzichten lieber auf Nähe und Intimität, als noch einmal den hilflosen Schmerz eines erpressten Opfers zu verspüren. Diese Haltung ist in tragischer Weise davon geprägt, an einem einschränkenden Verhaltensmuster festzuhalten, welches sie immer mehr von sich und letztendlich auch von anderen entfernt. Das Opfer hat die Chance zu wählen. Es kann sich auf neue Erfahrungen einlassen, in dem es den Willen zeigt zu lernen, wahrzunehmen und selbstverantwortlich aktiv zu werden. Es kann sich aber auch von sich und anderen abwenden und die sich potenzierende Verbitterung an jene abgeben, denen es nicht genügend Mut entgegengebracht hat zu widersprechen.

Woran kann ich Emotionale Erpressung erkennen?

Emotionale Erpressung beinhaltet sechs typische Merkmale:
1. **Die Forderung** ist ein gestellter Anspruch und keine Bitte. Eine Bitte kennzeichnet sich dadurch, dass sie dem Empfänger freistellt, ob er dieser nachkommen will, OHNE dass dies einschränkende Konsequenzen nach sich zieht. Eine Forderung enthält die Botschaft „Es ist besser für dich, wenn du das tust ..."
2. **Widerstand** ist eine Reaktion auf diese Forderung, die darauf schließen lässt, dass diese nicht erfüllt wird. Hier genügen bereits Reaktionen, die Unentschlossenheit, Unwohlsein oder Zweifel signalisieren.
3. **Druck** entsteht, wenn der Erpresser Angst hat, dass seiner Forderung nicht entsprochen wird. Er hat die entsprechenden Signale wahrgenommen und sieht für sich keine anderen Möglichkeiten, als das Opfer so zu bedrängen, dass es seiner Forderung nachkommt. Hier wird Charme und Überzeugungskunst in allen Facetten eingesetzt, um die Zweifel und Überlegungen des Opfers auszuräumen.
4. **Drohungen** werden durch den Erpresser dann eingesetzt, wenn die Mauer des Widerstandes nicht gebrochen werden kann. Sie beinhalten negative Konsequenzen für das Opfer, wenn dieses nicht bereit ist nachzugeben.
5. **Unterwerfung** erfolgt durch das Opfer, wenn es sich nicht in der Lage sieht, sich gegen die Forderung, den Druck und die Drohung zu behaupten.
6. **Wiederholung** ist das sich manifestierende Verhaltensmuster, das sich aus dieser Interaktion ergibt.

„Vor einem halben Jahr habe ich meinen Job verloren. Ich habe zwar schnell wieder Arbeit gefunden, aber sie ist bei weitem nicht so gut bezahlt. Sonja ist es gewohnt, dass wir öfter mal ausgehen oder uns auch mal zwischendurch ein paar Tage Urlaub leisten. Das geht jetzt aber einfach nicht mehr. Vor ein paar Wochen kam ich nach Hause, da hatte sie einen wirklich schönen Abend vorbereitet. Kerzen und Rotwein, ich habe schon überlegt, ob ich irgendein wichtiges Datum vergessen habe. Irgendwann legte sie mit einer strahlenden Verschwörermiene ein paar Reisekataloge auf den Tisch und wollte mit mir eine Kurzreise planen. Weihnachten in den Bergen oder so. Es ist mir wirklich schwer gefallen, nein zu sagen, wir haben ja noch diesen Kredit und das wäre einfach unvernünftig. Ich habe versucht, es ihr zu erklären, aber sie hat die ganzen Kataloge einfach vom Tisch gewischt und hat mir vorgeworfen, sie einfach nicht mehr genug zu lieben. Dann ist sie weinend rausgerannt und hat sich im Schlafzimmer eingeschlossen. In den nächsten Tagen hat sie kaum mit mir gesprochen, war nie da und „redete" allenfalls über kleine Zettelchen mit mir. Ich habe dann schließlich doch noch eine kleine Wochenendgeschichte gebucht. Ich kann eher mit einem Minus auf dem Konto leben, als mit dieser Kälte zuhause." (André, 27, Partner.)

Der Erpresser hat wahrgenommen, dass sein Vorgehen erfolgreich ist und das Opfer hat ihm zu verstehen gegeben, dass es dieses Verhalten akzeptiert und hinnimmt.

So klar sich diese Merkmale auch unterteilen lassen, im Prozess der Emotionalen Erpressung ist die Anspannung für das Opfer so groß, dass es immer wieder verführerisch erscheint nachzugeben, um diesem Druck zu entgehen.

Die vier Gesichter der Emotionalen Erpressung

„Wenn du mich wirklich liebst ...", „Verlass mich nicht oder ich ...", „Du bist die einzige, die mir helfen kann ...", „Ich könnte dir helfen, wenn du ..."

alles Aussagen, die von typischen Emotionalen Erpressern stammen und doch unterscheiden sie sich voneinander, weil jede für einen bestimmten Typ von Erpressung steht.

Der Bestrafer

Er lässt sich besonders leicht identifizieren, da bereits jeder scheinbare Widerstand seine Wut auslöst. Er weiß genau was er will und konfrontiert sein Opfer mit seinen Erwartungen ebenso direkt, wie auch mit den Konsequenzen, wenn das Opfer sich nicht fügt. Er signalisiert deutlich, dass es ihm gleichgültig ist, was das Opfer fühlt oder braucht. Seine Wut richtet sich genau auf das Opfer wenn seinen Forderungen nicht entsprochen werden. Dabei benutzt er entweder direkte Drohungen und Wutausbrüche (aktive Bestrafung) oder er fordert auf subtile Art (passive Bestrafung). Opfer von Bestrafern werden dabei in die Rolle eines unmündigen Kindes genötigt.

Typische Äußerungen von aktiven Bestrafern sind „Wenn du nicht..., dann werde ich ...". Hier wird kein Zweifel über die Konsequenzen einer Verweigerung gelassen, womit der Erpresser sich letztendlich immer wieder durchsetzt. Obwohl der Erpresser seine Drohungen nur äußerst selten realisiert, lebt sein Opfer auf Grund der angedrohten Konsequenzen in Angst und Schrecken. Letztendlich bleiben ihm nur die bedingungslose Anpassung und der Verzicht auf die Befriedigung eigener Bedürfnisse. Hilflosigkeits- und Ohnmachtsgefühle sowie Wut auf sich und den Bestrafer und das Wissen, durch mangelnden Mut zum Widerstand immer wieder erpressbar zu sein, löst starke Schamgefühle aus. In der Konsequenz wird mit jeder erneuten Erpressung und Anpassung das Selbstwertgefühl immer weiter untergraben. Als einzige Alternative bleibt dem Opfer der Widerstand und damit das Ertragen von Wutausbrüchen und die Angst davor, dass die ausgesprochenen Drohungen umgesetzt werden. Im Gegensatz zu dem aktiven Bestrafen schmollt der passive Bestrafer gern und zeigt seine Wut, indem er sich schweigend zurückzieht.

Er will subtil bestrafen, indem er sich betont desinteressiert zeigt und Nichtbeachtung und Zuwendungsentzug als Mittel zum Zweck benutzt. Dies gibt ihm die Möglichkeit, nicht aktiv sein zu müssen, womit er sich weder mit der Wut des Opfers, noch mit seiner eigenen auseinandersetzen muss. Dieses Verhalten resultiert aus der Angst vor Konfrontationen und der Übernahme für die Verantwortung für eigene Bedürfnisse und das sich daraus ergebende Verhalten. Passive Bestrafer mauern sich ein und verwehren jeden Zugang zu sich. Sehr wirkungsvoll übertragen sie so die Verantwortung für ihre Gefühle auf das Opfer. Dieses wird dabei so unter Druck gesetzt, dass es geradezu alles tun würde, um dem Stress und der Anspannung zu entgehen.

Der Selbstbestrafer

Übergibt seinem Opfer die Verantwortung für das, was mit ihm geschehen wird, wenn das Opfer seinen Ansprüchen nicht nachkommt. „Wenn du das nicht für mich tust, werde ich krank …, depressiv …, bringe ich mich um." Selbstbestrafer zeichnen sich durch ein besonders abhängiges und zuwendungssüchtiges Verhalten aus. Besonders typisch ist seine Fähigkeit ,sich aufs engste mit seinen Mitmenschen zu verbinden und geradezu mit ihnen zu verschmelzen. Dabei gelingt es ihm äußerst gut, diesen das Gefühl zu geben, dass sie für das, was ihnen zustößt, verantwortlich sind. Im Gegensatz zum Bestrafer wird hier das Opfer in die Rolle des Erwachsenen gezwungen und zwar in die des einzigen Erwachsenen in der Beziehung. Nur er ist in der Lage den „hilflosen" Selbstbestrafer zu retten und zu beschützen.

Beispiel „Dann trinke ich eben weiter zu viel Alkohol, nehme ich eben Drogen oder Medikamente, rauche zuviel, erbreche mich ständig, vernachlässige mich…, ihr liebt mich ja sowieso nicht." Derartige Drohungen eines Selbstbestrafers müssen nicht einmal direkt ausgesprochen werden. Es genügt bereits, mit einer dieser selbstbestrafenden Verhaltensweisen auf eine

Verweigerung zu reagieren und so zu demonstrieren, dass das Opfer die Verantwortung dafür trägt. Dadurch entsteht bei diesem der Eindruck, dass er keine Wahl hat, was einen starken, oft unerträglichen Druck auf das Opfer ausübt. Diese Methode der Emotionalen Erpressung ist auf Grund der Manipulation mit der Angst des Opfers, dass die erfolgten Drohungen wahr gemacht werden, sehr erfolgreich. Der Selbstbestrafer spricht mit seinem Verhalten direkt das Verantwortungsgefühl seines Opfers an. Diesem wird, in seinem Bemühen dem gerecht zu werden, nicht klar, dass er erst dadurch den Nährboden dafür schafft, diese skrupellose Form der Erpressung immer dann anzuwenden, wenn die Kontrolle über ihn verstärkt werden soll.

Der Leidende

Er impliziert erfolgreich Schuldgefühle und benutzt Schuldzuweisungen, um seine Opfer gefügig zu machen. Er vermeidet eine direkte Aussage über seine Ansprüche und erwartet, dass sein Opfer allein herausfindet was er will. Auf diese Art braucht er nicht zu seinen Wünschen und Erwartungen zu stehen und auch keine Verantwortung dafür zu übernehmen. Sein prägnantestes Merkmal ist die Erwartung, dass seine unausgesprochenen Forderungen erfüllt werden OHNE dass er sie zum Ausdruck bringt. „Wenn du mich wirklich liebst, weißt du auch so, was ich brauche" – ist seine verinnerlichte Annahme. Der Leidende droht nicht damit, sich oder anderen etwas anzutun, aber er leidet und macht seinem Opfer klar, dass es dafür verantwortlich ist. Z. B. die frisch geschiedene Freundin, die sich in ihre Wohnung zurückgezogen hat, alle Aktivitäten und Kontakte meidet und erwartet, dass Freunde und Kollegen sie aus dem selbstauferlegten Gefängnis befreien. Wenn dann schließlich jemand anruft reagiert sie mit Worten wie: „Du fragst mich, wie es mir geht? Du rufst nie an, du besuchst mich nicht und unternimmst nichts mit mir, genauso gut hätte ich mich vor Einsamkeit schon umbringen können, es wäre dir wohl nicht mal aufgefallen." Der letzte Teil der Anklage, die wortlose Übertragung der Verantwortung mit der subtilen Aussage „und das ist deine Schuld", bleibt oft unausgesprochen und ist trotzdem erstaunlich wirksam.

Der Leidende beschäftigt sich hauptsächlich mit selbstmitleidigen Gedanken und Verhaltensweisen. Ihm geht es ständig schlecht, wobei er das Unvermögen seiner Mitmenschen, seine Gedanken und Wünsche zu erraten und zu erfüllen, als Zurückweisung empfindet. Sein beliebtestes Spiel ist: „Rate mal, was du mir wieder angetan hast?" Der Leidende zieht sich gerne deprimiert, stumm und in Tränen aufgelöst zurück, wobei er seinem Opfer natürlich keinen Grund für sein Leiden mitteilt. Was genau seine Bedürfnisse sind, teilt er, wenn überhaupt, erst dann mit, wenn sein Opfer wochenlanger Angst und Sorge ausgesetzt war. Im Leiden seiner Mitmenschen sieht er die selbstgerechte Strafe dafür, dass er vernachlässigt und in seiner Wahrnehmung zurückgewiesen wurde. Besonders gern teilen einige Leidende anderen mit, wie schwer sie vom Schicksal geschlagen wurden, wobei alle Einzelheiten ihrer misslichen Lage mitgeteilt werden. Dabei nehmen sie bewusst die Rolle des Hilfs- und Zuwendungsbedürftigen ein. Ihr Motto: „Nur du kannst mir helfen …, ohne dich bin ich verloren", manipuliert nur allzu oft erfolgreich das Verantwortungsgefühl ihrer Mitmenschen, die auch hier mit allzu viel Verständnis diese Erpressungsstrategie unterstützen.

Der Verführer

Er benutzt die subtilste Erpressungsstrategie und ist nur schwer zu identifizieren, denn er lockt mit verführerischen Belohnungen und verspricht reizvolle Dinge, wenn sein Opfer sich fügt. Allerdings lösen sich die Belohnungen immer dann in Luft auf, wenn das Opfer ihnen zu nahe kommt. Das, was Verführer geben, kommt nicht von Herzen, denn jede ihrer verführerischen Belohnungen ist an eine Bedingung geknüpft. Emotionale „Bestechungsgelder" wie Zuwendung, Liebe und Anerkennung, setzen nur eine klitzekleine Gegenleistung voraus, nämlich dem nachzugeben, was der Verführer will.

Die einzelnen Strategien dieser vier Typen fließen ineinander und grenzen sich nicht klar voneinander ab. Kombinationen sind beliebt und äußerst wirkungsvoll. Trotzdem hat jede Form der Emotionalen Erpressung verheerende Konsequenzen für das Opfer! Seien Sie sich in erster Linie darüber bewusst, dass jeder Mensch das Grundrecht hat, seinen Emotionen wertfrei zu vertrauen und seinen Bedürfnissen zu entsprechen (ohne andere in diesem Grundrecht einzuschränken).

Die wirksamste Waffe gegen Emotionale Erpressung ist zum einen die Bewusstheit über den Vorgang an sich und zum anderen, die Fähigkeit eigene Reaktionen darauf mit Wachheit wahrzunehmen. Das Wissen um eigene Werte, der Bezug zu dem was ICH brauche, um mich im Kontakt mit dem anderen gut zu fühlen, vermittelt die Stabilität, die nötig ist, um sich schützend abzugrenzen. Hinterfragen Sie auch Ihre eigenen Tendenzen zur Emotionalen Erpressung. In spannungsgeladenen Beziehungen, in denen Angst und Hilflosigkeit dominieren, werden dysfunktionale Strategien häufig von beiden Seiten eingesetzt. Z. B. sind der Bestrafer und der Leidende häufig in einer Täter-Opfer-Rolle verstrickt, in der weder die eine, noch die andere Rolle sich klar zuweisen lassen. Bewusstheit über den Vorgang ist die einzige Möglichkeit, dieses Schema zu durchbrechen. Zu einem späteren Zeitpunkt komme ich noch einmal auf die Thematik der Emotionalen Erpressung zurück und gebe Ihnen wirksame nichtdefensive Entgegnungen in die Hand, die es Ihnen ermöglichen, aus festgefahrenen Verhaltensmustern der Rechtfertigung, des Nachgebens und Zurückweichens auszubrechen.

Wozu brauchen wir Grenzen?

Das angemessene Setzen von Grenzen ist eine Aussage darüber, welche Art von Verhalten wir in unserem Leben zulassen können und welche nicht. Grenzen im sozialen Sinn, sind Maßnahmen zur Erhaltung der Integrität. Die Fähigkeit, eigene und die Grenzen anderer wahrzunehmen und zu achten, ermöglicht einen sozial bereichernden Umgang, der sich fördernd und stabilisierend auswirkt. Grenzen, die nicht gesetzt werden, signalisieren das Nichtvorhandensein klarer Definitionen für ein annehmbares Verhalten. In der Konsequenz können hier Übergriffe wie die Emotionale Erpressung vorgenommen werden, die durch unklares Verhalten erst erlaubt wurden.

Problematisch ist hier die Tatsache, dass die Notwendigkeit Grenzen zu setzen, gar nicht wahrgenommen bzw. durch Abwehrmechanismen abgewehrt wird. Das Ignorieren der als negativ empfundenen Gefühle spielt hier eine große Rolle. Eigene Werte und Bedürfnisse werden aus Angst vor Konsequenzen des selbstverantwortlichen Handelns verdrängt. Das Nachgeben erscheint leichter und vor allem verlockend, um dem Druck und der Angst vor Schuldgefühlen, verlagerter Verantwortung und Strafe zu entgehen. Achtsamkeit und Präsenz wären unbedingte Voraussetzung, um wahrzunehmen, dass und wann Grenzen gesetzt werden müssen. Aus dieser Fähigkeit ergibt sich dann auch die Bewusstheit über Motivation und Strategie, so dass „Grenzüberschreitungen" vermieden werden können.

Wann müssen Grenzen gesetzt werden?

Ein Punkt, der scheinbar schwierig erscheint. Trotzdem ist er kurz und klar zu definieren. Grenzen müssen in dem Augenblick gesetzt werden, in dem eigenen Bedürfnissen zuwidergehandelt werden soll. Diesen Moment auch so wahrzunehmen, **bevor** Verdrängungsmechanismen einsetzen, die ein Selbst-Bewusstes Handeln ver- oder behindern, setzt eine ausgeprägte Aufmerksamkeit uns selbst gegenüber voraus. Achten Sie auf Ihren Körper, zumeist signalisiert er, dass „etwas nicht stimmt", bevor Sie es bewusst emotional wahrnehmen. Weiche Knie, ein zusammengeschnürter Hals, Druck in der Brust oder im Magen sind deutliche Signale. Aufsteigender Ärger, Frustration oder Wut sind dann schon eine klare Botschaft: Das will ich nicht, das tut mir nicht gut, das ist etwas, was dem widerspricht, was ich möchte. Akzeptieren Sie das, setzen Sie sich damit auseinander und lernen Sie entsprechend für sich einzustehen.

6. Was ich nicht wahrhaben will

Verdrängungsmechanismen

Wir verdrängen nur zu gern, wenn Situationen uns scheinbar überfordern oder eine innere unangenehme Resonanz erahnen lassen. Verdrängungsmechanismen sind im Grunde überlebenswichtig. Sie schützen vor Überflutungen und ermöglichen ein optimales Auseinandersetzen mit den täglichen Anforderungen des Lebens. Sie können aber auch einen hinderlichen Charakter tragen, wenn Sie uns davor „schützen" das wahrzunehmen, was wir brauchen, um sinnvoll für uns zu sorgen.

So lässt die **„Verdrängung"** Wünsche oder Bedürfnisse gar nicht erst zu und verschiebt sie sofort in den unterbewussten Bereich.

Die **„Projektion"** hingegen tritt im Gefolge der Verdrängung auf und projiziert die verdrängten Inhalte auf andere Personen, wo diese dann heftig kritisiert und bekämpft werden. Projektion ist ein typischer Verdrängungsmechanismus von Borderline-Persönlichkeiten. Hier ergibt sich die Chance, eigene ungeliebte Anteile, die nicht wahrgenommen werden dürfen, außerhalb der eigenen Persönlichkeit zu bekämpfen. Dadurch bleibt das Gefühl der eigenen Gesundheit erhalten, gestört sind jeweils immer die anderen...

In der **„Symptombildung"** wenden sich dann erlebte Frustrationen und Verdrängungen gegen die eigene Person, da sie nach außen hin nicht abgegeben werden können. Hier finden autoaggressives Verhalten und psychosomatische Reaktionen ihren Ursprung.

In der **„Verschiebung"** erfolgt dann die Entlastung durch eine Befriedigung an Ersatzobjekten. Angestaute Aggressionen werden dann z. B. im Rahmen von ausagierendem Verhalten abreagiert.

Eine **„Sublimierung"** basiert ebenfalls auf der Befriedigung durch Ersatzobjekte, allerdings auf Bereiche die eigenes, aktives Verhalten beinhalten wie Sport, Kreativität, Interessenausbau, Sexualität ...

Die **„Reaktionsbildung"** hingegen ermöglicht eine dem eigentlichen Gefühl konträre Reaktion. So werden angstauslösende Momente, die Wut oder Hass erzeugen, in zärtliche Gefühle umgewandelt. Dadurch wird jede gesunde Konfrontation vermieden, da die eigene (umgewandelte) Reaktion dies nicht mehr nötig macht.

Bei der **„Vermeidung"** werden Konfrontationen, die mit Angst verbunden sind, gemieden. Eine typische Verhaltensweise von Angehörigen und Partnern, die sich selbst manipulieren und ignorieren, um den Unannehmlichkeiten zu entgehen, die mit der Übernahme der Selbstverantwortung verbunden sind. Dass sie gerade dadurch leicht manipulierbar sind, potenziert Frustrationen und behindert die Reifung der Persönlichkeit.

Ebenso beliebt ist die **„Rationalisierung"**, in der mit „logischen" und „vernünftigen" Argumenten Verhaltensweisen gerechtfertigt werden, wobei wahre Motive für diese vertuscht werden. Rationalisierung dient zumeist der Selbstrechtfertigung und Verteidigung gegenüber Kritik.

Relevant für die Borderline-Problematik ist ebenfalls noch die „Betäubung", in der Drogen und Alkohol die Realität abschalten.

In der **„Abschirmung"** hingegen werden Psychopharmaka oder Medikamente missbraucht, die eine zeitweise Entlastung bringen und die Probleme allenfalls unterdrücken, statt sie zu bewältigen.

Die **„Ohnmachtserklärung"** ist eine der folgenreichsten Verdrängungstechniken bei Angehörigen und Partnern. Erklärte Schuld- und Wehrlosigkeit vermeiden die Selbstverantwortung durch Annahme der Opferrolle, unterstützen Co-Abhängigkeit und destruktives **„Rollenverhalten"**. Hier wird dann der Rolle entsprochen, die durch die Ohnmachtserklärung angenommen wurde. Dadurch wird scheinbare Sicherheit und Akzeptanz gewonnen und Konfrontationen ausgewichen.

Abschließend noch die **„Gefühlspanzerung"**, die jegliche Emotionalität aus Angst vor der Konfrontation mit dem Leben versteckt. Diese Menschen wirken nach außen hin sachlich, vernünftig und emotionslos. Da Emotionen der lebendigste Anteil in uns sind, wird hier das Leben an sich geleugnet, aus Unsicherheit und Selbstdistanz werden keine Gefühle herein- oder herausgelassen, mit der Konsequenz der Isolation, dem Verlust von Menschlichkeit und Lebendigkeit, sowie psychischen und physischen Erkrankungen.

Abwehrmechanismen bei uns und unserem Partner wahrnehmen zu können, um so einschränkende Verhaltensweisen auch besser verstehen zu können, kann sehr hilfreich sein.

Primäre und sekundäre Gefühle

Abwehrmechanismen lassen sich am ehesten durch die bewusste Wahrnehmung primärer Gefühle identifizieren. Das erste, reine, unverfälschte Gefühl, als Reaktion auf einen äußeren Reiz, nennt man Primärgefühl.

Das kann Wut, Ekel, Freude und Angst sein. Gefühle, die zutiefst berühren, die ansteckend sind und deren Wirkung man sich nicht entziehen kann. Das Erleben dieser Gefühle ist an den Augenblick gebunden. Die Fähigkeit, diese Gefühle wahrzunehmen, zuzulassen und einem Bedürfnis zuzuordnen, ermöglicht ein lebendiges Agieren im Sinne der selbstverantwortlichen Fürsorge.

Das Sekundärgefühl hingegen trägt einen kognitiven (gedanklichen) Charakter, wirkt beschwichtigend und vermeidet das kongruente Ausdrücken des primären Gefühls. Hier sind bereits Verdrängungsmechanismen aktiv, die dafür sorgen, dass der wertvolle Hinweis, den das Primärgefühl gegeben hat, nämlich einem bestimmten Bedürfnis zu entsprechen, ignoriert wird. Schuld, Scham, Verbitterung und Ablehnung sind solche Gefühle, die zielorientiertes, selbstverantwortliches Handeln erschweren.

Hinsichtlich der Borderline-Problematik können wir hier klar erkennen, wie massiv Abwehrmechanismen eingesetzt werden, um primäre Gefühle, insbesondere die Angst, in Schuld und Scham als ständig präsentes Sekundärgefühl umzuwandeln. Da dieses nicht an den Augenblick des Erlebens gebunden ist, kann es als ständig vorherrschend empfunden werden, ohne jedoch die Möglichkeit einer lösungsorientierten, hilfreichen Strategie zu geben. Bei der Fähigkeit Grenzen zu setzen, ist die Wahrnehmung eines Primärgefühls, sowie auch das Wissen um Verdrängungstechniken unumgänglich. Der erste Impuls von Angst in einer Konfrontation könnte Strategien ermöglichen, Bedingungen zu schaffen, die Sicherheit, Respekt oder Akzeptanz vermitteln. Durch die Abwehr dieses Gefühls und das Umwandeln z. B. in Schuld, durch Übernahme der Verantwortung, wird selbstverantwortliches Handeln vermieden. Der durchaus wertvolle Hinweis, den das Gefühl der Angst gegeben hat, dass ein Bedürfnis nicht erfüllt ist, wurde ignoriert. Eine verdrängende Reaktion, die eine lebendige selbstbewusste Wahrnehmung untergräbt und somit auch jede Möglichkeit, sich selbstverantwortlich abzugrenzen.

Natürlich setzt die Thematik des Grenzensetzens ein sensibles Abwägen voraus. Wann ist es wirklich notwendig und unumgänglich, sich abzugrenzen? Wann ist ein diplomatischer Umgang mit der Situation oder ein Zugeständnis sinnvoller? Es geht nicht darum, sich in jedem Fall durchzusetzen und eigene Bedürfnisse immer, auch um den Preis den Kommunikationspartner in seinen Bedürfnissen einzuschränken, durchzusetzen.

Die Fähigkeit Grenzen zu setzen, hat nichts mit dem Positionieren von Macht und Durchsetzung zu tun! Was konkret sollte wahrgenommen und durchdacht werden, um zu erkennen, dass eine Abgrenzung notwendig ist:

➢ Wie fühle ich mich in dem Moment, in dem ich mit einer Forderung konfrontiert werde?
➢ Welchem meiner Bedürfnisse widerspricht die Forderung?
➢ Welchem Teil der Forderung kann ich entsprechen, welchem nicht?
➢ Schadet mir das, was der andere von mir einfordert?
➢ Könnte ich anderen schaden?
➢ Was genau sind meine Bedürfnisse dabei und berücksichtigt der andere in seinen Ansprüchen meine Gefühle und Bedürfnisse?
➢ Beinhaltet die Art und Weise der Forderung etwas, das mich ängstigt, mich verpflichtet oder mir Schuldgefühle macht?
➢ Beinhaltet die Forderung etwas, das auch meinen Bedürfnissen entspricht?

- ➤ Widerspricht die Forderung meiner physischen oder psychischen Gesundheit?
- ➤ Betrüge ich dabei mich oder andere?
- ➤ Sage ich die Wahrheit?
- ➤ Entspreche ich noch meiner Persönlichkeit oder „verbiege" ich mich?

Diese Checkliste sichert ab, dass Sie die Verletzung Ihrer Integrität zulassen. Machen Sie sich bewusst, dass es in Ihrer Macht liegt, Emotionale Erpressung zuzulassen oder nicht. Niemand kann Ihre Persönlichkeit untergraben, wenn Sie es nicht zulassen! Seien Sie sich dabei Ihrer Verantwortung für Ihr Wohlergehen bewusst und lasten Sie dies, auch wenn es verlockend erscheinen mag, nicht demjenigen an, der Sie mit einer Forderung konfrontiert. Ihr zu entsprechen oder nicht ist Ihre Entscheidung!

7. Doppelte Botschaften und wie wir sie vermeiden

Vom Umgang mit Double-Binds

Double-Binds sind Aussagen, deren Inkongruenz den Empfänger in eine Zwickmühle bringen. Es sind Doppelbindungen die nicht erfüllt werden können.

Ein Double-Bind ist eine Mitteilung, die zwei Aussagen beinhaltet, die so zusammengesetzt sind, dass beide einander negieren bzw. unvereinbar sind. Die paradoxen Botschaften, die sich mit widersprechenden Handlungs-aufforderungen auf unterschiedlichen Ebenen der Kommunikation (Inhaltsebene/Beziehungsebene) an den Empfänger richten, haben eine verwirrende und lähmende Wirkung auf diesen. Egal welcher Forderung er entspricht, die andere, entgegengesetzte, wird dabei ignoriert. Es scheint unmöglich, einem scheinbaren Fehlverhalten und entsprechenden Konsequenzen zu entgehen und das Wissen darum erzeugt Hilflosigkeit, Unsicherheit und Angst. In der Borderline-Problematik finden sich derartige Botschaften auf beiden Seiten. Bei dem Betroffenen, da dieser schwer Zugang zu dem hat, was er braucht, und sich auch unfähig sieht, dies zu vermitteln. Beim Partner oder Angehörigen, oft aus dem Wunsch heraus, Situationen zu entgehen, die Widerstand und in der Konsequenz sich potenzierende Konflikte, Übergriffe oder ausagierendes Verhalten auslösen könnten. Auch hier findet sich auf beiden Seiten die Grundproblematik Angst. Angst, sich wahrzunehmen, sich zu vermitteln und die Verantwortung für eigene Ansprüche und Bedürfnisse zu übernehmen.

Double-Bind-Botschaften machen Angst, da sie als existentiell bedrohlich erlebt werden. Eine Wahl, auf Grund der paradoxen Scheinalternativen, ist tatsächlich nicht möglich. Auf Grund eines Bindungsverhältnisses zum Sender der Botschaft sieht sich der Empfänger jedoch gezwungen, der Aufforderung dennoch zu entsprechen. Gleichzeitig kann/darf er die der sprachlich korrekten Botschaft innewohnende Paradoxie nicht erkennen und hat auch keine Möglichkeit die Situation zu verlassen. Aus diesem Zwangscharakter heraus entsteht für ihn eine ausweglose Verlierersituation.

Double-Binds an sich sind kommunikative Anomalien in der Alltags-kommunikation von Menschen und weit verbreitet. Eine typische Double-Bind-Situation findet sich z. B. in der Antwort der gekränkten Frau, die von ihrem Partner gefragt wird, was denn los sei. Das „ach nichts ..." gibt die sprachliche Botschaft, dass es keine Unstimmigkeit und also auch keinen Handlungsbedarf für eine Klärung gibt.

Die gleichzeitigen körpersprachlichen und stimmlichen Botschaften (abgewandt, genervt ...) geben zugleich die Information, dass es sehr wohl eine

Unstimmigkeit zu klären gibt, der Empfänger aber selbst darauf kommen sollte, nach der Methode „rate mal, was los ist …". Akzeptiert der Empfänger ausschließlich die erste Botschaft und handelt nicht, wird er unter Umständen als desinteressiert und unsensibel bewertet. Reagiert er nur auf die zweite Botschaft, die Handlungsbedarf aufweist, kann er ebenso als unsensibel bewertet werden, sowie unfähig, der ersten sprachlichen Botschaft zu vertrauen.

Werden häufig Double-Bind-Botschaften vermittelt, ist der Empfänger gezwungen, den Widerspruch in der Kommunikation zu ignorieren, d. h. er muss die Diskrepanz zwischen dem, was er tatsächlich wahrnimmt und dem, was er wahrnehmen sollte, beständig leugnen. Dies wird ihn, bezüglich seiner Fähigkeit Informationen richtig zu interpretieren, zunehmend verunsichern. Er wird zwangsläufig am Realitätsgehalt seiner Wahrnehmungen zweifeln und ihnen immer mehr misstrauen. Statt Selbst-Vertrauen entwickelt sich Selbst-Misstrauen, womit sich die Erfahrung von doppelbindenden Situationen auf die Persönlichkeitsentwicklung destruktiv auswirkt. Hier findet sich durchaus auch die Basis für die Entwicklung von Angststörungen.

Wenn Interaktionen mit Double-Bind-Charakter von längerer oder sogar chronischer Dauer sind, wirken sie sich auf beide beteiligten Individuen schwächend aus. Der Empfänger einer doppelbindenden Mitteilung befindet sich in einer beklemmenden Situation, in der er sich nur falsch verhalten kann. Und der ursprüngliche Sender der Mitteilung wird bezüglich der Reaktion seines Gegenübers enttäuscht sein, da dieser nicht angemessen reagieren wird (was er aufgrund der zweideutigen Mitteilung ja auch nicht kann). Die Beziehung wird folglich von keinem der Interaktionspartner als positiv, bestätigend empfunden.

Welche Möglichkeiten hat nun der Empfänger einer solchen Botschaft zu reagieren? Er kann die Botschaft ignorieren und sich der Kommunikation entziehen. Der Beziehungsstruktur kann er dadurch aber nicht entgehen, da auch das kommunikative Zurückziehen eine Botschaft enthält, nämlich die Verweigerung bzw. Ignoranz. Diese Haltung wäre nicht lösungsorientiert und würde für beide Seiten einen sich potenzierenden, hinderlichen Charakter tragen. Konstruktiv wäre die Fähigkeit des Empfängers, der eigenen Wahrnehmung zu vertrauen und diese auch zu artikulieren.

Dazu ist es nötig:
➤ Sich nicht allein auf den sprachlichen Inhalt einer Botschaft zu konzentrieren, sondern ebenfalls körpersprachliche und stimmliche Informationen bewusst wahrzunehmen.
➤ Wenn diese Botschaften sich nicht in einem kongruenten (übereinstimmenden) Verhältnis befinden, sollte eigenen Reaktionen feinfühlig ver-

traut werden. Emotionale wie auch psychosomatische Reaktionen signalisieren Handlungsbedarf.

➤ Wahrgenommenes sollte artikuliert werden! Dabei ist der Prozess der gewaltfreien Kommunikation äußerst hilfreich.

Bei unserem Beispiel ergibt sich folgende Möglichkeit: „Ich bin irritiert weil du sagst, dass nichts sei, ich aber an deiner Stimme hören kann, dass du wütend bist. Du siehst mich auch gar nicht an, was mich verunsichert. Es ist mir wichtig, dass wir über alles reden, denn ich brauche den Kontakt zu dir. Ich möchte dich um dein Vertrauen bitten, mir zu sagen, was dich bedrückt."

Durch das Identifizieren und Offenlegen einer Double-Bind-Botschaft ergibt sich eine sinnvolle Möglichkeit, deren destruktive Konsequenzen zu vermeiden. Im Offenlegen zeigt sich zum einen die feinfühlige Aufmerksamkeit des Empfängers, was gleichzeitig die Botschaft beinhaltet „du bist es mir wert, dass ich dich genau wahrnehme"; zum anderen wird dem Sender der Botschaft die Möglichkeit gegeben, sich in seiner Inkongruenz wahrzunehmen und den eigenen Botschaftsbedarf zu klären. Im Kontakt mit dem Empfänger können beide Seiten sich unterstützend einander zuwenden und der Kommunikation einen klaren, sinnvollen Rahmen geben.

Auch eingespielte hinderliche Verhaltensweisen mit Double-Bind-Charakter, können mit entsprechender konsequenter Umsetzung von Wahrnehmung, Offenlegung und selbstverantwortlicher Klärung entschärft und neu strukturiert werden. Der sichtliche Kontakt, der sich für beide Seiten ergibt, wirkt motivierend und beziehungsfördernd.

Möglichkeiten einer verbesserten Kommunikation

Die Gewaltfreie Kommunikation bietet eine sehr sinnvolle Chance, Ihren von Borderline betroffenen Partner oder Angehörigen zu erreichen. Dies bezieht sich zum einen auf Sie selbst, auf die Wahrnehmung dessen, was in Ihnen präsent ist, ohne dass Sie es negieren, verdrängen oder ignorieren und zum anderen auf das, was in Ihrem Partner vorgeht. Sie sollten sich darüber bewusst werden, dass Sie Ihren Partner nicht ändern können, Ihre eigenen Einstellungen, Verhaltensweisen und Reaktionen allerdings sehr wohl. Sie werden erstaunt sein, welche Auswirkungen dies auch auf Ihren Partner haben kann.

Sie können sich befähigen, Ihrem Partner Zugang zu sich selbst zu ermöglichen, geben gleichzeitig die Verantwortung für dessen Gefühle zurück und bieten die Grundlage für Stabilität. Es wäre vermessen zu sagen, dass eine bewusste Kommunikation all Ihre Probleme lösen kann, aber sie kann unterstützend und für Sie selbst richtungsweisend sein. Sie haben hier eine Möglichkeit, Zugang zu finden, zu sich und Ihrem Partner. Die sich für Sie daraus ergebenden Kenntnisse, Ziele und Chancen eröffnen Ihnen neue Wege.

Dabei wird folgender Prozess durchlaufen:
1. Wertfreie Wahrnehmung der Situation
2. Identifikation und Akzeptanz der eigenen dazugehörigen Gefühle (oder/ und die des Partners).
3. Erkennen des zu Grunde liegenden Bedürfnisses (bei sich oder/und dem Partner).
4. Entwurf einer Strategie zur Neutralisierung negativ wahrgenommener Emotionen mit dem Ziel der Befriedigung des entsprechenden Bedürfnisses (Teilziele ® Ziel).
5. Handlung (Bitte, Wunsch, Umsetzen von Strategien).
6. Bewusste Wahrnehmung des erfolgsverbundenen Gefühls, zur Verankerung im Ressourcenpool.
7. Entwicklung eines konstruktiven Verhaltensmusters.

So einfach diese einzelnen Schritte auch scheinen, sie erfordern ständige Präsenz uns und anderen gegenüber. Es ist bereits ein großer Schritt, aufmerksamer in der Wahrnehmung zu werden und Kommunikation bewusster zu erleben. Eingefahrene, destruktive Kommunikationsmuster können nur dann vermieden werden, wenn sie erkannt und durch sinnvollere, nutzbringende Verhaltensweisen ersetzt werden. Das Wissen um die Vorgänge ist hier allenfalls ein kleiner Schritt, die wirklichen Möglichkeiten ergeben sich erst im stetigen Üben, Hinterfragen und Umsetzen.

1. Schritt: Wertfreie Wahrnehmung der Situation
Eine Situation wertfrei wahrzunehmen ist schwierig und ungewohnt, die Neigung zu interpretieren ist tief verankert. Interpretationen bieten Raum für unterstellte Angriffe, die zum einen tiefsitzenden Annahmen über den Wert der eigenen Person entsprechen (der kann mich nicht leiden, weil ich ja auch nicht liebenswert bin ...) und zum anderen die Möglichkeit für einen daraus resultierenden Gegenangriff bieten. Mit diesem kann die Verantwortung an der erfolglosen Kommunikation dann an den Kommunikationspartner delegiert werden (ich hätte ja gewollt, aber der war ja so aggressiv, zickig, unerträglich ...). Jeder Mensch bringt die Grundannahmen, die er in der Kindheit über sich selbst, über andere, die Welt und das Leben an sich entwickelt hat, in seine Kommunikation mit ein und sucht immer und immer wieder deren Bestätigung. Diese ermöglichen ihm eine gewisse Stabilität, eine gewohnte Ordnung, Halt und die Möglichkeit, sich zu orientieren. Auch

hinter diesem Prozess verbirgt sich unterbewusst das Bedürfnis, Angst zu vermeiden.

Die Bestätigung der eigenen Grundannahmen, auch wenn diese hinderlich und zerstörerisch wirken, braucht keine Notwendigkeit, sich mit diesen auseinanderzusetzen und sich zu hinterfragen, was Unsicherheit zur Folge hätte. Aus diesem Grund ist es für die meisten Menschen schwierig, Situationen interpretationsfrei wahrzunehmen. Kenntnis über eigene Grundannahmen, Offenheit ohne Angst vor dem Verlust vermeintlicher Sicherheit sind aber unabdingbar um wirklichen Kontakt herzustellen.

2. Schritt: Identifikation und Akzeptanz der eigenen dazugehörigen Gefühle (oder/und die des Partners)

Eigene Gefühle akzeptieren heißt zunächst einmal, diese auch ganz bewusst wahrzunehmen, ohne sie zu verdrängen und abzuwehren. Hier ergeben sich für die meisten Menschen erhebliche Probleme. Spiegelt uns der Gesprächspartner nicht die eigene Welt wider, werden Grundannahmen nicht bestätigt, können sich Gefühle einstellen, die als unangenehm empfunden werden, z. B. Unsicherheit, Nervosität, Unruhe ... Leider haben wir verlernt diese zu akzeptieren. Indem wir unsere Gefühle ignorieren oder verleugnen, schützen wir uns vor einer scheinbaren Vertiefung dieser Emotionen, was ohne Zweifel eine dem Augenblick entspringende bequeme Lösung ist. Allerdings schützt diese Bequemlichkeit auch vor Kontakt und Nähe und wird irgendwann zu einer weiteren Reihe von Emotionen führen wie Einsamkeit, Frustration, Traurigkeit ... Zum anderen steht im Hintergrund auch die innere Frage: darf ich fühlen, wie ich fühle? Darf ich sauer, wütend, deprimiert, frustriert, ängstlich ... sein? Alles „schlechte" Gefühle, zumindest haben wir das gelernt und das aus gutem Grund. Unangenehme Gefühle werden in der Regel mit der Abwertung der eigenen Person verbunden. Wütend, sauer, traurig, aggressiv zu sein wurde in der Kindheit oft als „unartig" bewertet, so dass der Zugang zu diesen Gefühlen schon fast in konditionierter Form unmöglich ist.

Insofern erfordert es auch Mut, sich mit derartigen Emotionen auseinanderzusetzen. Achtsamkeit, Nähe und Kontakt zu sich selbst können aber erlernt und weitergegeben werden. Dies erfordert Zeit und Mühe, ist aber unabdingbar um wirklichen Zugang zu sich und anderen zu finden.

3. Schritt: Erkennen des zugrunde liegenden Bedürfnisses (bei sich oder/und dem Partner)

Aus der Gewaltfreien Kommunikation wissen wir, dass sich hinter jedem Gefühl ein Bedürfnis verbirgt. Aus dem Mut heraus uns ganz auf unser Gefühl einzulassen, brauchen wir uns nur mit möglichen Bedürfnissen zu konfrontieren, um eine innere Resonanz zu spüren. Fühlen Sie in sich hinein und benutzen Sie die Liste der Bedürfnisse, um zu erkennen, welches davon zutrifft. In dem Augenblick, in dem sie es erkannt haben, werden sie dies direkt körperlich wahrnehmen. Dieser Prozess ist im Grunde genommen sehr einfach, aber höchst wirkungsvoll, denn er gibt augenblicklich Klarheit und vermittelt auch das Selbstvertrauen, aus eigener Kraft Lösungswege entwickeln zu können.

4. Schritt: Entwurf einer Strategie zur Neutralisierung negativ wahrgenommener Emotionen mit dem Ziel der Befriedigung des entsprechenden Bedürfnisses (Teilziele ® Ziel)

Hier haben wir bereits ausreichend Informationen erhalten, die wir nun ganz gezielt einsetzen können, um Strategien zu entwickeln, die dem was wir brauchen entsprechen. Wenn ich traurig (Gefühl) bin, weil ich Nähe (Bedürfnis) brauche kann ich ganz konkrete Möglichkeiten suchen, die mir Nähe vermitteln. Ich habe die Möglichkeit mich zu fragen: Welche Art Nähe brauche ich? Welche Menschen könnten mir jetzt die Nähe geben, die ich brauche? Welche Möglichkeiten gibt es noch, um Nähe zu erhalten? Oft sind wir auf einen einzigen Menschen oder eine einzige Situation orientiert, in der wir nicht das erhalten, was wir brauchen. Wir fixieren uns auf die Unerfüllbarkeit und ignorieren dabei den Reichtum an Möglichkeiten den wir hätten, wenn wir unsere Strategien erweitern würden. Es ist allerdings ungewohnt und erfordert auch den Mut, nicht reglos zu verharren, sondern sich Wege zu suchen, die in eine andere Richtung, aber dennoch zum Ziel führen.

5. Schritt: Handlung (Bitte, Wunsch, Umsetzen von Strategien)

Hier ist konkretes Handeln angesagt. Die Strategie wird umgesetzt. Ist das Ziel zu weit, können auch Teilschritte realisiert werden. Um z. B. Nähe zu erhalten, reicht es mitunter schon, mit anderen Menschen zu lachen oder zu weinen, ein banaler Kinobesuch kann ebenso wirksam sein wie ein Gespräch mit einer vertrauten Person. So wie jedes Gefühl, jedes Bedürfnis und jede Strategie ganz individuelle Aspekte beinhaltet, so wird sich auch jede Handlung danach ausrichten. Was dem einen gut tut, muss dem anderen noch lange nicht helfen. Es gilt wie in jedem Schritt dieser Kommunikationsform – Selbst-Bewusst-Sein!

6. Schritt: Bewusste Wahrnehmung des erfolgsverbundenen Gefühls zur Verankerung im Ressourcenpool

Mit jedem Erfolgserlebnis, das sich aus den vorangegangenen Schritten ergibt, wird Ihr Selbstvertrauen steigen. Der Mut und auch die Lust, sich so intensiv wahrzunehmen und unabhängig sowie selbstverantwortlich für sich einzustehen, gibt Kraft und Lebensfreude. Nehmen Sie ganz bewusst wahr, wie sich aus einem zunächst unangenehmen Gefühl das Bewusstsein ergibt, konkret etwas zu benötigen, dies dann zu identifizieren und umzusetzen. Die sich daraus ergebenden Emotionen zeigen uns, dass wir erhalten haben, was wir brauchen – aus eigener Kraft. Diese Art Erfahrung ist nicht nur einschneidend motivierend, sondern auch die Basis, um Manipulationen zu widerstehen. Emotionale Erpressung hat keine Chance mehr. Wir wissen, was wir fühlen, was wir brauchen und wie wir es bekommen. Die innere Sicherheit die sich daraus ergibt und die Fähigkeit für uns die Verantwortung zu übernehmen, lässt uns kongruent auftreten. Unsere Integrität zeigt Stabilität.

7. Schritt: Entwicklung eines konstruktiven Verhaltensmusters

Übung macht den Meister. Mit der Zeit integriert sich die bewusste Selbst-Wahrnehmung in den Alltag. Eigenes bewusstes Verhalten wird auf die jeweiligen Kommunikationspartner übertragen. Hier ist nun der Punkt erreicht, an dem aus der Veränderung der eigenen Persönlichkeit auch eine veränderte Resonanz anderer zu erkennen ist. Alte konfliktreiche, einschränkende Verhaltensmuster wurden durch hilfreiche und sinnvolle Verhaltensweisen ersetzt. Die Fähigkeit, Kontakt zu sich selbst und damit auch zu anderen aufzunehmen, ist ausgebildet.

Es ist äußerst sinnvoll, JEDEN der einzelnen Schritte anzuwenden, denn diese bauen direkt auf den vorangegangenen auf. Für den Empfänger einer Botschaft ist es von großer Bedeutung, detaillierte Informationen zu erhalten. Eine Bitte, ohne Informationen über entsprechende Bedürfnisse, kann leicht als Forderung verstanden werden, die schon allein aus diesem Grund oft abgewehrt wird. Ein Bedürfnis kann dann eher nachvollzogen werden, wenn Gefühle dazu mitgeteilt werden. Aussagen wie ich habe Angst … oder ich bin traurig …, sprechen auf direktem Weg auch die Emotionalität des Empfängers der Botschaft an, womit dieser die Chance erhält sich einzufühlen. Um sich konkret zu artikulieren, haben Selbstwahrnehmung und Einfühlung Vorrang, denn die Mitteilung an den Kommunikationspartner baut darauf auf. Aus diesem Grund ist die Gewaltfreie Kommunikation ja auch so schwierig umzusetzen, da sie, auf Grund der Selbst- und Fremdwahrnehmung, zeitintensiver ist. Der zumeist impulsiven Gewohnheit, sich unüberlegt seiner flüchtig wahrgenommenen emotionalen Anspannung zu entledigen, kann hier nicht entsprochen werden. Das Überwinden jahrelanger kommunikativer Angewohnheiten ist eine wahre Herausforderung und wird anfangs sehr schwierig sein.

Spätestens in dem Moment, in dem sich durch einfühlende Gewaltfreie Kommunikation ein echter Kontakt und wirkliches Verstehen des eigenen Selbst und des Anderen ergibt, ist der Motivation keine Grenze gesetzt. Es ist erstaunlich zu beobachten, wie anders sich Kontakte gestalten können und wie sich die Wahrnehmung gegenüber Konflikten und Differenzen verändert. Der wütende Mensch mit dem man sich konfrontiert sieht, erzeugt in uns keine Angst mehr, weil wir in der Lage sind, zu erkennen, dass Selbstzweifel und Angst die Ursache für sein Verhalten sind. Ohne eigene Angst in dieser Situation sind wir auch eher in der Lage, uns selbst wahrzunehmen und bewusster zu reagieren. Lassen Sie sich nicht von anfänglichen Misserfolgen verunsichern. Es braucht sehr, sehr viel Zeit, sich auf eine neue, allen Gewohnheiten widersprechende Kommunikationsstrategie einzulassen. Jeder einzelne Fehler ist dabei ein kleines Geschenk, denn er ermöglicht uns ganz bewusst wahrzunehmen, was wir beim nächsten Mal besser machen können. Fangen Sie damit an, mit sich selbst gewaltfrei zu kommunizieren, indem sie sich für Fehler innerlich nicht abwerten oder beschimpfen. Es ist in Ordnung, Fehler zu machen, es ist sogar wichtig. Sagen Sie sich „was für ein schöner Fehler" und setzen Sie so ein Stopp vor jede innere abwertende Gedankenspirale.

8. Konkretes – Fragen und Antworten

Erleben Borderline-Persönlichkeiten die Welt anders?

Eine sehr prägnante Ursache für typische Kommunikationsstörungen in einer Borderline-Beziehung findet sich in dem Umstand wieder, dass jeder der beiden Partner sich mitunter auf einer anderen Wahrnehmungsebene befindet. Partner, insoweit sie nicht selbst von der Borderline-Symptomatik oder posttraumatischen Belastungsstörungen betroffen sind, reagieren im allgemeinen auf eine reale Situation mit einem Gefühl. Daran orientiert sich ja auch die Arbeit mit der Gewaltfreien Kommunikation, die ja zuerst die Situation und erst anschließend das daraus resultierende Gefühl benennt. Der Mitarbeiter wird vom Chef zurechtgewiesen und fühlt sich ärgerlich oder besorgt. Die Mutter sieht, dass die Tochter ihre Hausarbeit wieder nicht erledigt hat und ist frustriert und enttäuscht ... Aus einer Realität heraus ergibt sich ein Gefühl. Erst aus diesem Umstand heraus kann eine Handlungsfähigkeit entwickelt werden.

Für eine Borderline-Persönlichkeit kann aus der Symptomatik heraus, OHNE äußeren Anlass, ein Gefühl präsent sein, welches sich für ihn keiner Situation zuordnen lässt. Urplötzlich entstehen daraus Panik, Angst, Hilflosigkeit oder Wut, da es ja keine Chance für den Betroffenen gibt, dieses Gefühl einer konkreten Situation zuzuordnen. Wenn dieser Zusammenhang nicht erkennbar ist, kann auch keine Handlungsorientierung erfolgen, d. h. der Betreffende ist seinen Gefühlen völlig hilflos ausgeliefert. Es sei denn, und auch hier findet sich eine klare Selbsthilfestrategie, er schafft sich eine Realität, die zu seinem Gefühl passt. Somit erhält er die Möglichkeit, sich Orientierung und so eben auch Handlungsfähigkeit zu schaffen. Hier ergibt sich, im klaren Gegensatz zu dem Erleben des Partners, eine Ebene, auf der zuerst das Gefühl präsent ist und erst daraus eine Realität erschaffen wird.

Diese auf zwei ungleichen Ebenen stattfindende Kommunikation stellt sich wie nebenstehend dar: Hier ist deutlich nachzuvollziehen, dass sich beide Partner, hinsichtlich ihrer Realitätswahrnehmung sowie ihres emotionalen Erlebens, auf zwei völlig unterschiedlichen Ebenen befinden. Daraus erklären sich auch die ebenso unterschiedlichen Erinnerungen in Bezug auf

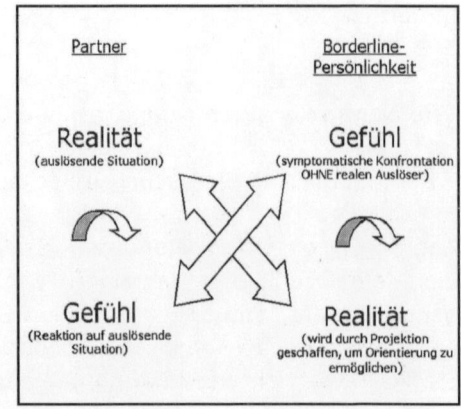

Partner   Borderline-Persönlichkeit

Realität
(auslösende Situation)

Gefühl
(symptomatische Konfrontation OHNE realen Auslöser)

Gefühl
(Reaktion auf auslösende Situation)

Realität
(wird durch Projektion geschaffen, um Orientierung zu ermöglichen)

zurückliegende Konflikte. Ein konkretes Beispiel dazu finden Sie im Kapitel: ‚Weitere Möglichkeiten, ausagierendem Verhalten sinnvoll zu begegnen'.

Im Umgang mit dieser Differenz kann der irritierte Partner, der sich einer nicht nachvollziehbaren Interaktion ausgesetzt sieht, nur eine sehr achtsame Kommunikation anstreben, bei der er sich bewusst ist, dass:

➤ die symptomatische Wahrnehmungsverzerrung und NICHT das eigene Verhalten oder gar die eigene Person der Auslöser sind.

➤ er nicht die Verantwortung für die Wahrnehmungsverzerrung seines betroffenen Partners trägt.

➤ die verzerrte Wahrnehmung des Borderline-Partners eine Selbsthilfestrategie ist, die ausschließlich der emotionalen Orientierung dient und nicht der bewussten Schädigung des Partners.

➤ daraus resultierend nicht jede Situation zwingend geklärt und gelöst werden muss. Es ist nicht die Aufgabe des Partners, den Betroffenen von seiner Realität zu überzeugen.

Wie in jedem Bereich der Borderline-Kommunikation ist hier eine ehrliche Reflektion des Partners zwingend notwendig, um ungerechtfertigt zugewiesene Verantwortung zurückzuweisen. Das Setzen klarer Grenzen sollte auch hier zum einen dem Betroffenen in der Interaktion eine Orientierung ermöglichen und zum anderen den Partner in seinen Werten und seiner Person vor Übergriffen schützen.

Natürlich ist dies leichter gesagt und geschrieben als getan. Es gehört sehr viel Mut dazu, sich aus der alles akzeptierenden aber auch bequemen Rolle des Hinnehmenden zu lösen. Denken Sie aber immer daran, dass Sie mit unnötiger, destruktiver Toleranz ebenfalls Verantwortung von sich weisen. Verantwortung für Respekt und Akzeptanz Ihrer Person, die Sie, ohne klare Positionierung, einem Menschen zuweisen, der auf Grund einer Persönlichkeitsstörung bereits mit der Verantwortung für sich selbst hoffnungslos überfordert ist.

Wie genau kann ich reagieren, wenn ich emotional erpresst werde?

Bei Emotionaler Erpressung ist es sehr wichtig, sich der drei Möglichkeiten der Reaktion bewusst zu sein. Die offensive Reaktion ist ein direkter Angriff, der eine Ausweitung der destruktiven Situation unterstützen kann. Eine defensive Reaktion ist durch Rechtfertigungen, Erklärungen und Nachgeben geprägt, was ermöglicht, dass Emotionale Erpressung immer wieder eingesetzt wird. Eine sinnvolle Möglichkeit bieten hier nichtdefensive Sätze. Sie vermeiden die Verstärkung der emotionalen Intensität einer Auseinandersetzung und ermöglichen mit geringem sprachlichem Aufwand das Zurückweisen aufgenötigter Verantwortung. Nichtdefensive Sätze wollen den anderen nicht verändern, sie werten nicht und signalisieren Stabilität. Meine Klienten erhalten von mir kleine, brieftaschentaugliche Listen, die schnell zur Hand sind, so dass mit der Zeit die Anwendung dieser Sätze vertrauter wird. Lernen Sie die Sätze auswendig oder schreiben Sie sich einige auf. Finden Sie eigene Sätze.

Auch hier gilt es, immer wieder zu üben, der Versuchung zu widerstehen, in alte Verhaltensmuster zurückzufallen und Entscheidungen zu erklären oder sich zu rechtfertigen. Sie werden erstaunt sein, wie wirkungsvoll nichtdefensive Entgegnungen sein können. Sollte es Ihnen schwer fallen, den Prozess durchzuhalten, sagen Sie sich in Gedanken immer wieder: „Das kann ich aushalten". Diese Kraftversicherung unterbindet sich immer wieder einschleichende vertraute gedankliche Verknüpfungen, die Angst und Zweifel wuchern lassen. Nachfolgend eine Auflistung nichtdefensiver Sätze (Susan Forward/Donna Frazier, Emotionale Erpressung, Wenn andere mit Gefühlen drohen).

Bei katastrophalen Voraussagen und Drohungen
➤ Das ist deine Entscheidung!
➤ Ich hoffe, dass du das nicht tun wirst, aber meine Entscheidung steht fest!
➤ Ich sehe, dass du jetzt sehr wütend bist, aber vielleicht wirst du deine Meinung ändern, wenn du darüber nachgedacht hast.
➤ Wir sollten darüber reden, wenn du nicht mehr so wütend bist!
➤ Drohungen/Leidensmiene/Tränen haben ab sofort keine Wirkung mehr!
➤ Es tut mir leid, dass du dich aufregst!

Bei Beschimpfungen, Schubladendenken und Negativurteilen
➤ Du hast ein Recht auf deine eigene Meinung!
➤ Ich kann verstehen, dass es für dich so aussieht!
➤ Vielleicht hast du Recht!
➤ Ich brauche Zeit und möchte darüber noch nachdenken!
➤ Es führt zu nichts, wenn du länger beleidigt bist!
➤ Es tut mir leid, dass du dich aufregst!

Bei tödlichen Fragen nach dem Warum und Wie
➤ Es war mir klar, dass du über meine Entscheidung nicht glücklich sein wirst, aber es muss sein!
➤ Es befindet sich kein Verbrecher hier im Raum. Wir wollen nur unterschiedliche Dinge!
➤ Ich bin nicht bereit, mehr als 50% der Verantwortung zu übernehmen!

- Ich weiß wie aufgeregt/wütend/enttäuscht du bist, aber darüber lasse ich mit mir nicht verhandeln!
- Wir sehen die Dinge eben unterschiedlich!
- Ich kann verstehen, dass du das so siehst!
- Es tut mir leid, dass du dich aufregst!

Gegner zum Verbündeten gewinnen
- Kannst du mir helfen zu verstehen, warum dir das so wichtig ist?
- Kannst du eine Lösung vorschlagen mit deren Hilfe wir dieses Problem bewältigen?
- Kannst Du mir helfen, einen Weg zu finden, damit unsere Beziehung besser wird?
- Kannst Du mir helfen zu verstehen, warum du so wütend bist?

Mein Partner will keine professionelle Hilfe in Anspruch nehmen.

Die Entscheidung Hilfe in Anspruch zu nehmen, ist nur dann sinnvoll und umsetzungsfähig, wenn der Betroffene diese aus seinem eigenen, freien Willen getroffen hat. Insofern der Betroffene nicht entscheidungsunfähig oder unmündig ist, liegt es allein in seinem Ermessen, ob er an seiner Situation etwas ändern möchte oder nicht. So wie auch der Partner oder Angehörige ein Recht auf eine eigene Meinung und Entscheidungsfreiheit hat, so steht dies auch einer Borderline-Persönlichkeit zu. In seine Selbstverantwortung kann und darf, auch wenn dies aus Sorge um den Betroffenen geschieht, nicht eingegriffen werden. Zumal die Abnahme dieser Entscheidung ein paradoxes Signal setzt. „Lerne, für dich selbst verantwortlich zu sein" und „damit du das tust, entscheide ich für dich (und verhindere so, dass du die Verantwortung für dich trägst)". Sie als Partner oder Angehöriger empfinden es sicher als schmerzvoll, Verhaltensweisen bei einem Betroffenen wahrnehmen zu müssen, die für diesen ebenso schmerzhafte Konsequenzen in sich tragen. Mit ansehen zu müssen, wie jemand, den man liebt, sich und andere emotional verletzt, wie jemand seiner Angst vor dem Alleinsein damit begegnet, sich zu isolieren, kann ein ohnmächtiges Gefühl von Hilflosigkeit erzeugen. Mit dem Wissen, dass es dem Betreffenden durch seine zerstörerischen Verhaltensweisen noch schlechter gehen wird, ist es sehr schwer loszulassen. Aber eben nur die Konsequenzen dieser Verhaltensweisen bergen die Chance in sich, aus einem bewusst wahrgenommenen Leidensdruck heraus Hilfe zu suchen und anzunehmen. Dieser Schritt setzt allerdings eine ehrliche Reflektion der Umwelt voraus, sowie ein konsequentes abgrenzendes Verhalten, welches keinerlei Verantwortung für eben diese Verhaltensweisen übernimmt.

Ehrlichkeit, Ehrlichkeit, Ehrlichkeit!!!!!!!!!
(mangelnde Reflektion und inkongruentes Verhalten)

Borderline-Persönlichkeiten empfinden sich selbst oft als Opfer einer verlogenen Umgebung. Werden ihre Erwartungen in andere Menschen nicht erfüllt, fühlen sie sich von diesen belogen und ausgenutzt. Da es unmöglich ist, der Erwartungshaltung einer Borderline-Persönlichkeit zu entsprechen, potenziert sich deren vermeintliche Opferhaltung. Sie entwickelt einen verzweifelten Wunsch nach Ehrlichkeit, ohne sich dabei des eigenen Anspruchsverhaltens und der sich daraus ergebenden zerstörerischen Interaktionen bewusst zu sein. Trotz ihrer ausgeprägten empathischen Fähigkeiten, mit denen feinfühlig die Signale des Kommunikationspartners wahrgenommen werden, sind sie nicht in der Lage, sich selbst so zu reflektieren, dass die Auswirkungen ihres Verhaltens in einen für sie förderlichen Zusammenhang gebracht werden.

Häufig neigen die Kommunikationspartner dazu, auf Verhaltensweisen der Borderline-Persönlichkeit ausweichend und ohne eine ehrliche Reflektion zu reagieren. Dies geschieht aus verständlichen und nachvollziehbaren Gründen, z. B.:

➢ Angst vor ausagierendem Verhalten, Wutanfällen und Übergriffen.

➢ Angst vor Konflikten.

➢ Angst vor Abwertung oder Kritik.

➢ Angst vor Kontaktabbruch und -verlust.

➢ Angst davor, selbst Kritik üben zu müssen und mit entsprechenden unüberschaubaren und kalkulierbaren Konsequenzen konfrontiert zu werden.

➢ Angst selbstschädigende Verhaltensweisen auszulösen und dafür verantwortlich zu sein.

Ein weiterer Widerspruch innerhalb der Interaktionen der Borderline-Persönlichkeit ist, dass sie zum einen innerhalb ihrer Anspruchshaltung eine ehrliche Reflektion erwartet, zum anderen aber, wenn diese erfolgt, mit dieser nicht umgehen kann. In ihr nimmt sie häufig eine Abwertung ihrer selbst wahr, was wiederum ihre Ängste vor dem Verlassenwerden und das Gefühl der Wertlosigkeit potenziert.

Da es zu ihren Grundannahmen gehört, wertlos zu sein, sucht sie ja unterbewusst sogar ständig nach einer Bestätigung dieser Annahme. Eben diese Interpretationen erzeugen als Resonanz die Verhaltensweisen, die bei den betroffenen Kommunikationspartnern o. g. Ängste auslösen. Im Zusammenhang mit dem Bemühen der Partner und Angehörigen Konfrontationen zu vermeiden, senden diese oft nicht übereinstimmende Signale, in denen sie eigene emotionale Reaktionen verdrängen und unterdrücken. Sie verhalten sich z. B. betont ruhig und beschwichtigend, sind dabei aber innerlich aufgewühlt, ängstlich und wütend. Diese inkongruente Kombination wird jedoch durch Nichtübereinstimmung stimmlicher, sprachlicher und körpersprachlicher Signale wahrgenommen. Der Betroffene empfindet dies als verunsichernd und so entsteht, wenn auch unbewusst, der Eindruck einer unehrlichen Reaktion. Das daraus resultierende Gefühl des nicht Wahrgenommenseins löst wiederum Angst aus ...

Für Partner und Angehörige gilt es hier, eigene Ängste zu überwinden. Zu lernen, auf behutsame und unterstützende Art offen und ehrlich Verhaltensweisen zu spiegeln. Sich vor allem immer wieder darüber bewusst zu sein, dass entsprechende Reaktionen aus einem Hintergrund der Selbstabwertung und Angst resultieren und somit NICHT persönlich angreifend oder abwertend sind. Reaktionen wie Wutanfälle, Abwertung oder Kontaktabbrüche geschehen aus mangelnder Frustrationstoleranz und Impulskontrolle. Natürlich trägt nicht jedes Verhalten Borderline-Tendenzen. Der Ausdruck von Frustration, Intoleranz, Ablehnung, Distanz und Aggression ist jedem Menschen eigen. Insofern kann und sollte auch nicht jede Interaktion mit einem Betroffenen pathologisiert werden.

Wie gehe ich mit Selbstmitleid um?

Selbstmitleid ist ein durchaus sinnvoller Vorgang, der durch positive Selbstzuwendung in schmerzhaften Geschehnissen tröstend und schützend wirkt. Gesundes Selbstmitleid hält jedoch nicht lange an, schon bald werden Lösungen gesucht und integriert. Wie bei der Bewältigung von Krisen oder dem Umgang mit Trauer, existieren verschiedene Phasen, in denen allmählich der krisenauslösende Umstand verarbeitet wird. Von der ersten Verleugnung über die verstandesmäßige Einsicht und den zunächst noch abgewehrten dazugehörigen Emotionen, bis hin zur Annahme dieser und der Einsicht und Akzeptanz, ergeben sich letztendlich auch neue Lösungswege. Selbstmitleid ist so lange produktiv, wie es einen förderlichen Charakter trägt. Über die Akzeptanz der Geschehnisse, der eigenen Anteile und bewussten Annahme aller damit verbundenen Gefühle, führt es zu einer Lösung, die ein weiteres Verharren im Mitleid mit sich selbst unnötig macht.

Borderline-Persönlichkeiten neigen, auf Grund der eingeschränkten Fähigkeit selbstverantwortlich für sich einzustehen, zu der Grundannahme, das böse Schicksal und die unverlässlichen, verlogenen und schlechten Mitmenschen seien schuld an ihrem Unglück. In entsprechenden Krisen verharren sie bereits bei der Abwehr der Emotionen und lassen eine verstandesgemäße Einsicht nur insofern zu, wie sie dieser Leugnung entspricht. D. h. sie interpretieren die Geschehnisse in einer Form, in der sie sich weder mit ihren Emotionen noch mit Lösungsmöglichkeiten auseinandersetzen müssen. Der einfachste Weg die Problematik schnell zu überwinden, ist auch hier die Verantwortungszuweisung an andere, so dass die Auseinandersetzung mit eigenen Anteilen und somit auch die Annahme der Verantwortung für die Situation und sich selbst nicht nötig ist.

Wird Selbstmitleid mitgeteilt, enthält dies, wie jede Kommunikation, einen Aufforderungscharakter. Zum einen kann das Bedürfnis nach einfühlsamem Mitgefühl im Vordergrund stehen, zum anderen aber auch eine klare Aufforderung nach Anerkennung und Unterstützung. Ein Konflikt ergibt sich für den Empfänger dieser Botschaft dann, wenn er sich nicht in der Lage sieht, die Ursache des Selbstmitleides anzuerkennen oder das ihm mitgeteilte Selbstmitleid sogar als distanzlos und nötigend empfindet. Da Borderline-Persönlichkeiten in ihrer Fähigkeit eigene und fremde Grenzen wahrzunehmen eingeschränkt sind, erkennen sie oftmals nicht, dass ihr egozentrischer Umgang mit dem Mitleid mit sich selbst auf andere abstoßend wirken kann und in der Konsequenz einen Rückzug des Interaktionspartners bewirkt.

Die sich daraus ergebende Isolation führt dann zu einer Bestätigung der „kalten, selbstsüchtigen, schlechten" Mitmenschen und zu einer neuen Spirale selbstmitleidigen Verhaltens. Welche Möglichkeiten ergeben sich nun für jemanden, der sich als Empfänger einer selbstmitleidigen Botschaft sieht, in der ein Betroffener den Wunsch nach Unterstützung signalisiert und gleichzeitig die Verantwortung für sich ablehnt?

Beispiel: Tina klagt Kerstin zum wiederholten Mal, dass Männer ja alle das letzte seien. Jeder nutze sie nur aus, keiner halte es lange genug bei ihr aus, um sie kennen zu lernen. Alle denken nur an das eine und überhaupt …

Kerstin hört sich derartige selbstmitleidige Geschichten in regelmäßigen Abständen an. Anfangs hat sie Tina noch getröstet und sie in ihren Schuldzuweisungen an die jeweiligen Partner bestärkt. Mittlerweile frustriert sie die ständige Konfrontation mit dem unglücklichen Liebesleben ihrer Freundin. Es geht immer nur um Tinas Liebesleben, sie selbst hat kaum eine Chance von sich zu erzählen. Sie findet eigentlich ja auch, dass Tina viel zu dem Scheitern ihrer Beziehungen beiträgt. Aus ihrer permanenten Eifersucht, ihrem Kontrolldrang und ihrer Unzuverlässigkeit ergeben sich viele Reibereien. Aber Kerstin hat auch Angst, wenn sie dies ehrlich ausspricht und nicht so „funktioniert", wie Tina es erwartet, könnte sie ihre Freundin verlieren …

Kerstin kann ihrer Freundin nur dann helfen, wenn sie bereit ist, ihr ein ehrliches Feedback zu geben. Sie sollte für sich selbst die Verantwortung annehmen und akzeptieren, dass sie mittlerweile genervt und frustriert ist. Gleichzeitig ist es ihre Aufgabe, dafür zu sorgen, dass sie sich in diesen Gesprächen wohl fühlt. So, wie sie auch möchte, dass Tina sich selbst ehrlich wahrnimmt, sollte sie auch sich selbst wahrnehmen. Eine sinnvolle Reaktion wäre hier eine Kombination der GfK und der SET-Kommunikation.

1. Situation wertfrei wahrnehmen: Tina erzählt wieder von ihrem Kummer.
2. Einfühlsam auf Tina eingehen und deren Gefühle reflektieren.
3. Hilfestellung signalisieren.
4. Die Wahrheit formulieren.
5. Eigene Gefühle wahrnehmen: Kerstin ist frustriert und genervt.
6. Eigenes Bedürfnis identifizieren: Kerstin möchte wirklichen Kontakt zu Tina und möchte in den Gesprächen ebenso wahrgenommen werden; Austausch ist ihr wichtig.
7. Eigene Gefühle und Bedürfnisse formulieren.
8. Eine Bitte oder einen Wunsch aussprechen.

Kerstin: „Wie ich hören kann, fühlst du dich von deiner letzten Beziehung wieder sehr enttäuscht. Das ist dir sehr oft in den letzten Monaten passiert und ich kann spüren, wie traurig und verzweifelt du bist. Ich möchte auch jederzeit für dich da sein, wenn du mich brauchst. Du weißt, wie gern ich dich mag und ich glaube, dass es sehr wichtig für dich wäre, darüber nachzudenken, was genau in jeder deiner Beziehungen immer wieder problematisch war und was das mit dir zu tun hat. Du hast mir erzählt, dass du deine Partner kontrolliert hast und dass deine Eifersucht auch für dich schwer auszuhalten war. Vielleicht wäre es hilfreich für dich, wenn du dir hier kompetente Hilfe suchst, damit deine künftigen Beziehungen glücklicher verlaufen. In unseren Gesprächen erzählst du immer wieder sehr viel von dir und deinem Kummer und auch wenn ich gut verstehen kann, dass du darüber reden möchtest, fühle ich mich dann oft überfordert und allein. Ich möchte dir auch gern von mir erzählen können, weil mir deine Anteilnahme wichtig ist. Ich würde mich freuen, wenn du mir auch die Möglichkeit geben könntest, mit dir mehr zu reden. Wäre dir das möglich?"

Tina erhält hier eine ehrliche Reflektion und kann Anteilnahme und Hilfestellung spüren. Sie hat die Möglichkeit dies anzunehmen und so umzusetzen, dass auch Kerstins Bedürfnisse nach Austausch und Kontakt erfüllt werden. Sie kann aber auch hier eine Bedrohung wahrnehmen und entsprechend reagieren. Die Verantwortung für den Umgang mit dieser ehrlichen Aussage und daraus resultierenden Interpretationen liegt aber allein bei Tina. Wichtig ist, dass Kerstin selbstbewussten und ehrlichen Kontakt gesucht hat. Stößt dies auf Ablehnung, muss sie dies wohl akzeptieren, weiß aber auch, dass ein Kontakt für sie nur dann sinnvoll ist, wenn er gegenseitige Wahrnehmung ermöglicht.

Ehrlicher und liebevoller Kontakt setzt voraus, dass die Bedürfnisse beider Parteien respektiert werden. Entsteht in der gegenseitigen Wahrnehmung auf einer Seite ein Defizit, wird dies unausweichlich Konsequenzen haben: für die eine Seite, genervt und frustriert auszuhalten, und für die andere Seite, unehrlich reflektiert zu werden, ohne die Chance zu haben sich zu entwickeln. Die Verantwortung in der Kommunikation liegt hier darin, den Mut zu finden auszusprechen, was wahrgenommen wird, sowie den Mut zu haben, dies anzunehmen.

Selbstmitleid ist allerdings nicht nur bei Borderline-Persönlichkeiten weit verbreitet. Die Neigung als Partner oder Angehöriger die Opferrolle einzunehmen bietet selbstmitleidigem Verhalten einen wunderbaren Nährboden. Je mehr jemand sich in seine Opferrolle begibt und die Verantwortung für das eigene Leid dem Betroffenen überträgt, desto verführerischer erscheint es, sich und sein Schicksal zu beklagen. Dabei kann immer wieder die eigene Macht- und Hilflosigkeit wahrgenommen werden, die letztendlich davor schützt, eigenverantwortlich zu handeln.

Wie gehe ich mit Konfliktsituationen (Unstimmigkeiten) um?

In jeder zwischenmenschlichen Beziehung können sich in Konfliktsituationen Verhaltensweisen zeigen, die Lösungen oder Annäherungen untergraben. Dies zeigt sich vor allem im weit verbreiteten Impuls, innere Anspannungen, die aus dem Konfliktinhalt entstehen, durch nach außen gerichtete Aktionen zu kompensieren. Dies resultiert zumeist aus der inneren Annahme, dass die Konfrontation Informationen enthält, die dann als abwertend, vorwurfsvoll oder angreifend interpretiert werden. Die innere konzentrierte Erwartungshaltung auf derartige Signale verhindert wirkliches Zuhören und Wahrnehmen. Ich erfahre nicht, was das wirkliche Bedürfnis meines Partners ist, wenn ich mich auf eigene Interpretationen und -wertungen konzentriere und dabei bestrebt bin, die daraus resultierenden Emotionen abzureagieren.

Einige Regeln für das aktive Zuhören

1. Zeigen Sie, dass Sie zuhören. Offenbaren Sie Ihre Aufnahmebereitschaft durch körpersprachliche Signale: nicken, offene Körperhaltung, zuwenden des Körpers, Blickkontakt.
2. Hören Sie wirklich zu! Vermeiden Sie unbedingt das Zurechtlegen innerer Stellungnahmen oder die Suche nach Entgegnungen. Bleiben Sie mit Ihrer Aufmerksamkeit bei dem, was Sie hören und wahrnehmen und bemühen Sie sich, inneren Impulsen der Verteidigung, des Gegenangriffs oder der Rechtfertigung zu widerstehen.

3. Hören (erfühlen) Sie auch das, was NICHT gesagt wird. Bemühen Sie sich um Empathie. Was kann hinter dem Vorwurf, der Entgegnung oder der Konfrontation stehen? Welches Bedürfnis bringt der Partner „unglücklich" zum Ausdruck.

4. Zeigen Sie Ihre Empathie. Spiegeln Sie das Gefühl Ihres Partners. Legen Sie ihn dabei nicht fest, sagen Sie ihm nicht, wie er zu fühlen hat. „Du musst dich jetzt aber schlecht fühlen." Niemand kann dem Betreffenden vorschreiben, wie dieser sich zu fühlen hat. Besser: „ICH habe den Eindruck, dass dich das sehr traurig, wütend, hilflos ... macht." ODER: „Bist du jetzt traurig, wütend, hilflos ...?"

5. Fassen Sie zusammen (Paraphrasieren). Wiederholen Sie mit Ihren eigenen Worten, was der Partner gesagt hat. So merkt er, ob alles richtig bei Ihnen angekommen ist und kann Missverständnisse korrigieren.

6. Fragen Sie offen. Hinterfragen Sie, bemühen Sie sich das konkrete Empfinden und Verstehen des Partners nachzuvollziehen. Vermeiden Sie dabei Unterstellungen, Bewertungen und Verallgemeinerungen. „Du bist aber auch immer so empfindlich."

7. Loben Sie gutes Gesprächsverhalten. Wenn Ihr Partner sich an die Regeln hält, können Sie das ruhig erwähnen. Beispiel: „Es freut mich sehr, dass Du das so offen gesagt hast."

8. Sagen Sie, wie Sie seine Worte empfinden. Schildern Sie gewaltfrei, wie es Ihnen in dieser Situation geht. Verwenden Sie nichtdefensive Sätze wie: „Das ist ja interessant, dass du das so siehst." Sagen Sie nicht: „Das ist ja völlig falsch."

9. Achten Sie darauf, die Gefühle und Bedürfnisse Ihres Partners zu respektieren. Sagen Sie nie „das siehst du falsch, das ist nicht richtig, so ist das nicht ...". Es ist die Wahrnehmung Ihres Partners. Diese muss nicht mit Ihrer übereinstimmen. Denken Sie daran, dass jeder Mensch eine andere Orientierung in sich trägt.

10. Es geht nicht um Recht haben! Eine Differenz oder ein Konflikt, der einen Sieger und einen Verlierer als Konsequenz hat, ist für BEIDE destruktiv. Zurückbleibende Frustration verschließt und baut Distanz auf. Offener, gewaltfreier Umgang fördert Win-Win-Situationen und prägt das Konfliktverhalten nachhaltig förderlich.

Kommunikationsregeln für das Sprechen

1. Beobachten Sie die Situation. Achten Sie darauf, nicht zu bewerten, zu verurteilen oder zu interpretieren. Beschreiben Sie die Situation konkret. Beispiel: „Du hast gestern den Termin für den Therapeuten nicht wahrgenommen, obwohl du mir davon erzählt hast."

2. Identifizieren Sie Ihr Gefühl. Fühlen Sie in sich hinein und geben Sie sich

nicht mit dem Gefühl des „Ärgers" zufrieden. Was steht hinter Ihrem Ärger? Auf was konkret weist Sie Ihr Ärger hin. Ärger hat die Funktion einer Alarmanlage und gibt Ihnen die Chance, wirklichen Bezug zu sich und dem was Sie brauchen zu finden.

3. Nehmen Sie Ihr Bedürfnis wahr. Was genau brauchen Sie, damit Sie sich in dieser Situation besser fühlen? Vertrauen? Sicherheit? Akzeptanz? Setzen Sie sich damit auseinander, was Sie brauchen, um sich besser zu fühlen. Sie werden es körperlich spüren, wenn Ihr Gefühl auf das dahinter liegende Bedürfnis trifft.

4. Bringen Sie Ihr Gefühl und Ihr Bedürfnis zum Ausdruck. Sagen Sie offen, wie Sie sich fühlen. Vermeiden Sie Vorwürfe und schildern Sie einfach das, was Sie empfinden. „ICH bin traurig, besorgt, hilflos … (Vorsicht mit dem Begriff ‚enttäuscht'), weil ICH dir vertrauen (Bedürfnis) möchte."

5. Bleiben Sie bei der konkreten Situation und in der Gegenwart. Vermeiden Sie Verallgemeinerungen wie „nie", „ständig" und „immer", Ihr Partner könnte sich als Person angegriffen und abgewertet sehen. Ihm werden wahrscheinlich sofort Gegenbeispiele einfallen, die endlose, unfruchtbare Diskussionen über vergangene Problematiken auslösen und von einer „Hier und Jetzt-Klärung" abhalten. Hierbei wird das Ausweichen vor der Problematik gefördert, da die Thematik „verwaschen" wird und in verbalen Gegenangriffen die Verantwortung abgelehnt und sogar abgegeben wird. („Du bist schuld, weil du immer so nervst.")

6. Sprechen Sie das konkrete Verhalten an und vermeiden Sie Bewertungen. So vermeiden Sie den Partner als Gesamtperson für „unzuverlässig", „verlogen" oder „verantwortungslos" zu erklären. Denn dann müsste er sich als Person verteidigen und der Bezug zur Situation würde verloren gehen. Eine Klärung wäre dann nicht mehr möglich und eine Eskalation wahrscheinlicher.

7. Paraphrasieren. Lassen Sie sich das, was Sie gesagt haben, von Ihrem Partner wiederholen. Sie können sehen, ob er Sie wirklich so verstanden hat, wie Sie es meinten und so Missverständnisse vermeiden.

8. Formulieren Sie eine Bitte oder einen Wunsch. Bedenken Sie, dass eine Bitte oder ein Wunsch nicht erfüllt werden muss. Es liegt im Ermessen desjenigen, der die Bitte empfängt, ob er ihr nachkommen möchte. Alles andere wäre eine Forderung und regt zur Gegenwehr an. Eine Bitte wird dann gern erfüllt, wenn diese ebenfalls dem Wunsch des Betreffenden entspricht.

9. Sprechen Sie in der ICH-Form, „ICH glaube, dass …" oder „ICH hoffe, dass …" statt „MAN sollte …", „MAN könnte …". Das ICH ist authentisch, selbstverantwortlich und drängt dem anderen keine Sachverhalte auf. Ein „MAN" signalisiert, dass dieses Verhalten der Normalität entspricht und ein Verhalten das sich dem nicht anpasst „nicht-normal" ist.

Aktives Zuhören und Sprechen ermöglichen eine optimale Chance den Partner zu erreichen. Aber so leicht und verständlich die einzelnen Regeln auch sein mögen, eigene sprachliche Gewohnheiten zu verändern ist sehr schwer. Konzentrieren Sie sich zunächst nur auf ein Detail und üben Sie es im täglichen Umgang mit anderen. Sie werden merken, wie anstrengend und ungewohnt es bereits ist, in alltäglichen Gesprächen, ohne nennenswerte emotionale Beteiligung, aktiv zuzuhören. Unter emotionalen Spannungen ist es ein Vielfaches schwerer, weil eigene emotionale Impulse abreagiert werden möchten. Diese dann zu kontrollieren erfordert viel Übung.

Weitere Möglichkeiten, ausagierendem Verhalten sinnvoll zu begegnen

Eine gute Möglichkeit den Partner zu erreichen, ergibt sich, wenn ich seine Bereitschaft erhalten kann, mir zuzuhören, indem ich mir eine Zustimmung von ihm hole. Dabei wird der Kommunikationspartner mit einer Frage konfrontiert, die in Bezug zur Problematik steht und vorausschaubar mit einem JA beantwortet werden kann. Aus diesem Ja heraus kann dann das eigene Bedürfnis angebracht werden. Ein Beispiel:
Frank studiert neben seinem Beruf im Rahmen eines Fernstudiums. Anja, seine Frau, möchte aber mehr Zeit mit Frank verbringen und reagiert immer öfter ablehnend auf seine abendlichen Lernzeiten. Hier existieren unterschiedliche Bedürfnisse, auf die jeder für sich einen berechtigten Anspruch hat. Konfliktpotential ergibt sich nur dann, wenn das Bedürfnis des anderen negiert, be(ent)wertet und zurückgewiesen wird. Solange jeder dem anderen Desinteresse und Unverständnis vorwirft, kann und wird sich die Situation nicht entschärfen, sondern eher zuspitzen. Frank holt sich hier die Zustimmung Anjas und spricht dabei ihre Bedürfnisse an. Er fragt sie: „Möchtest du dass ich meine Arbeitszeit so einteile, dass wir mehr Zeit für uns haben?" Anja kann auf diese Frage nur mit einem JA antworten, da dies ihrem Bedürfnis nach mehr gemeinsamer Zeit entspricht. Frank zeigt seine Akzeptanz und sein Verständnis durch eine Reaktion auf ihr Ja, indem er sagt: „ich kann sehr gut verstehen, dass du mehr Zeit mit mir verbringen möchtest, ich hätte auch gern viel mehr Zeit für dich, um etwas mit dir zu unternehmen ..." Durch diese Reaktion spürt Anja, dass Frank ihr Bedürfnis erkannt hat, sie fühlt sich wahrgenommen und respektiert. Frank hat nun die Möglichkeit seine Belange anzubringen indem er fortfährt „... aber ich muss erst mit dem Studium fertig sein, um die Chance zu haben eine besser bezahlte Position in meiner Firma einzunehmen." Da Anja sich in ihrem Bedürfnis angenommen gefühlt hat, ist sie auch offener für die Argumente

von Frank. Hier zeigt sich eine gute Basis für eine verständnis- und kompromissbereite Lösung.

Eine weitere Quelle destruktiver Auseinandersetzungen findet sich in der Konfrontation mit diversen Unterstellungen und Vorwürfen. Wie bereits beschrieben, resultieren normalerweise Gefühle aus konkreten Situationen, d. h. ein reelles Erleben erzeugt in der Konsequenz Emotionen, wie Ärger, Traurigkeit oder Angst. Für die Borderline-Störung ist es nun aber im Gegensatz dazu typisch, dass emotionales Erleben nicht in einen Zusammenhang mit dem realen Erleben gebracht werden kann. Als Reaktion darauf wird dann die Realität den Empfindungen angepasst. Plötzlich aufkommende Angst oder Wut wird dem Partner zugeschrieben, der völlig unvorbereitet mit Vorwürfen konfrontiert wird, die er in keinem Zusammenhang zu eigenen Wahrnehmungen stellen kann. Ein Beispiel:

Andre informiert seine Freundin Katja, dass er am Wochenende einem Kollegen beim Umzug helfen wird. Katja zeigt sich nicht gerade erfreut, akzeptiert aber zunächst diese Information. Im Laufe des Abends zeigt sie sich immer unleidlicher, um Andre dann schließlich lautstark vorzuwerfen, dass er sie nicht mehr liebe und wahrscheinlich schon seit Wochen eine Geliebte habe, für die er sich am Wochenende wohl Zeit nehmen will. Für Katja ist die Situation durchaus so, dass sie sehr wohl akzeptieren möchte, dass Andre einen Kollegen unterstützt. Gegen die aufkommende Angst verlassen zu werden, ist sie aber machtlos, eine logische Erklärung für dieses Gefühl findet sie in der Annahme, dass Andre sie eigentlich verlassen will. Hier bestätigt sie sich auch die eigene Grundannahme über sich selbst, dass sie es nicht wert ist geliebt zu werden. Ihre, wenn auch haltlosen Vorwürfe, haben für sie durchaus einen realen Hintergrund, den es für Andre allerdings nicht gibt. Als typische Reaktion darauf könnte Andre diesen Vorwurf zurückweisen. Er wird sich von dieser Unterstellung zu Recht distanzieren und vielleicht sogar einen Gegenangriff starten, indem er Katja angreift. Dass Andre sich frustriert fühlt und aus diesem Gefühl heraus wütend reagiert, ist verständlich …, aber nicht förderlich.

Ein Leugnen, Rechtfertigen oder Angreifen wäre wenig geeignet Katja zu erreichen. In dem Moment, in dem Andre sich mit Äußerungen wie … " das stimmt doch gar nicht, das ist doch nicht wahr …" rechtfertigt, signalisiert er Katja, dass das, was sie fühlt, falsch ist. Die nicht ausgesprochene, aber empfangene Botschaft dabei ist „… du fühlst nicht richtig, mit dir stimmt etwas nicht …". Wie kann sich eine derartige Wahrnehmung auf eine Borderline-Persönlichkeit in einem emotional labilen Zustand wohl auswirken? Hat Andre eine Chance darauf, Katja zu erreichen und zu beruhigen? Nein, eher das Gegenteil ist der Fall, hier dreht sich die zerstörerische Spirale einer sich aufheizenden Auseinandersetzung unaufhaltsam. Es ist für Partner oder

Angehörige immer wieder wichtig, zu versuchen, sich in die Erlebenswelt der Betroffenen einzufühlen.

Auch wenn dies zumeist sehr schwer ist, sollte in solch konkreten Situationen versucht werden, das Ursprungsgefühl zu identifizieren und zu spiegeln. Wenn eine Beziehung längerfristig besteht und die Partner sich vertrauter sind, ist das mit den nötigen kommunikativen Fähigkeiten oft auch möglich, so dass viele Wutausbrüche abgemildert oder verhindert werden können. Für Andre hieße das in diesem Fall ganz konkret:
➢ nicht auf die Vorwürfe eingehen,
➢ keine Rechtfertigungen anbringen,
➢ keine Gegenangriffe vornehmen.

Stattdessen ist es wichtig, auch wenn es auf Grund der eigenen emotionalen Beteiligung sehr schwierig ist, das Gefühl zu identifizieren, das ursprünglich die gedankliche und emotionale Eskalation bei Katja ausgelöst hat. Da Andre von Katja weiß, dass sie große Angst hat ihn zu verlieren, kann er hier die Ursache für ihre Vorwürfe finden. Da er mit der Borderline-Problematik vertraut ist, weiß er auch um Katjas Hilflosigkeit ihre Gefühle zu kontrollieren und die daraus resultierende unglückliche Art sich auszudrücken. Die Dramatik der Borderline-Kommunikation liegt eben gerade darin, dass die Betroffenen nicht in der Lage sind, eine kommunikative Strategie zu finden, die einen Bezug zwischen dem was sie fühlen und dem was sie brauchen herstellt. Stattdessen befreien sie sich von der Last ihrer Gefühle, indem sie diese ausagieren, mit der Konsequenz, dabei alles in Schutt und Asche zu legen und genau das Gegenteil dessen zu erreichen, was sie gebraucht hätten. Andre ist sich bewusst, dass die Vorwürfe nicht ihn persönlich betreffen, sondern dahinter die Angst steht ihn zu verlieren. Mit diesem Erkennen mildert sich für ihn bereits der eigene aggressive Anteil, da er akzeptieren kann, dass die Vorwürfe nicht aus seinem Verhalten resultieren und er auch nicht die Verantwortung dafür übernehmen muss. Um Katja jetzt zu erreichen kann er:
➢ ihr Verständnis für ihre Reaktion signalisieren („… wenn ich an deiner Stelle wäre und ich würde mir das so vorstellen, wäre ich auch furchtbar enttäuscht und wütend …“)
➢ ihr Ursprungsgefühl spiegeln („… ich kann spüren, dass du Angst hast, dass ich dich verlassen könnte oder belüge …“)
➢ sie mit der Wahrheit konfrontieren OHNE sich dabei zu rechtfertigen oder zu entschuldigen („… aber ich möchte ganz einfach meinem Kollegen helfen; sich gegenseitig zu helfen, ist mir sehr wichtig …“).

Die Voraussetzung mit dieser empathischen Kommunikation erfolgreich Wutanfälle abzumildern liegt im bewussten und vor allem kongruenten Verhalten des „angegriffenen" Partners. Den „Angriff" zu hinterfragen, emotional für sich zu entschärfen und aus diesem Empfinden heraus eine verbal, stimmlich und körpersprachlich übereinstimmende Stabilität zu signalisieren, vermittelt Sicherheit und Halt ... den Gegenpol der Angst!

Verzerrte Vergangenheit, ein ständiger Konfliktherd ...

Wie bereits im vorangegangenen Abschnitt erwähnt wurde, ist es für die Borderline-Störung typisch, die Realität dem emotionalen Erleben anzupassen. Aus diesem Grund stimmen oft viele Erinnerungen und Schilderungen erlebter Geschehnisse nicht mit dem überein, was Partner oder Angehörige wahrgenommen haben. Die sich auf Grund dieser verzerrten Wahrnehmung ergebenen Indifferenzen in der Erinnerung sorgen noch nach Jahren für Auseinandersetzungen und Vorwürfen über nie geklärte Konflikte. In dem Moment, in dem eine Borderline-Persönlichkeit sich mit einem Gefühl konfrontiert sieht, welches auch in der Vergangenheit mehrfach und unverarbeitet existent war, wird auch diese unverarbeitete Situation wieder aktiv. Aus diesem Grund neigen viele Betroffenen dazu, diesen für sie ebenfalls noch realen Konflikt, wieder zu beleben und ihn in die augenblickliche Auseinandersetzung einfließen zu lassen. Zumeist hat dies die Konsequenz, dass der Partner oder Angehörige darauf eingeht, Stellung bezieht oder sich rechtfertigt. Das augenblickliche Geschehen wird so in den Hintergrund gedrängt und lässt allenfalls ausufernde und destruktive Interaktionen zu. Der tatsächliche Konflikt kann dabei nicht behoben werden und reiht sich anschließend ein in die unendlich lange Liste der ungeklärten Auseinandersetzungen, um irgendwann wieder aktiviert zu werden ...

Sich auf Urschleimdiskussionen einzulassen bringt in der Regel gar nichts, außer dass es das Hier und Jetzt verschleiert, unnötig Kraft kostet und eine Basis für ausagierendes Verhalten bietet. Als nichtdefensive Entgegnungen bieten sich bei Ausflügen in die Vergangenheit folgende Entgegnungen an:

➤ Ich möchte dich bitten, beim Thema zu bleiben, es geht jetzt ganz konkret um ...

➤ Ich kann verstehen, dass du dich darüber noch immer ärgerst, aber ich bin nicht bereit, immer wieder Situationen aus der Vergangenheit zu klären.

➤ Es ist interessant, dass du immer wieder auf diese Situation zurückkommst, aber ich möchte doch beim Thema bleiben und das ist ...

➤ Wir können gern ein anderes Mal darüber sprechen, aber jetzt geht es um ...

Die wenig hilfreiche Angewohnheit, in Auseinandersetzungen vergangene, unbewältigte Situationen wieder aufzuwärmen, ist übrigens nicht Borderline-typisch sondern weit verbreitet. Eine der spezifischsten dysfunktionalen Verhaltensweisen in der zwischenmenschlichen Kommunikation ist die Unfähigkeit, sich in seinem Bedürfnis zu artikulieren. Die meisten Menschen sind nicht in der Lage, ihre Bitten, Wünsche oder Ansprüche so anzubringen, dass ihnen entsprochen werden kann. Eigene Bedürfnisse zu artikulieren, entspricht nicht den in der Kindheit häufig erlernten Glaubenssätzen. „Kinder die was wolln, kriegen was auf die Bolln" und so ist die Angst davor für eine eigene Anspruchshaltung zurückgewiesen oder abgelehnt zu werden groß genug, um sich stillschweigend selbst zu erpressen und zu verzichten. Durch die irrtümliche Annahme, dass Menschen, die uns lieben auch von allein erspüren müssen, wann wir etwas brauchen, verlagern wir die Verantwortung für unser Wohlergehen auf andere. Wenn diese dann nicht hellsichtig genug sind, unsere nicht gestellten Rätsel zu lösen, entstehen schnell neue Konflikte mit neuen Ansprüchen und Erwartungshaltungen, die ebenfalls nicht artikuliert werden.

Im Laufe der Zeit sammeln sich so unzählige Vorräte nicht aufgearbeiteter Differenzen an, welche immer wieder gern hervorgeholt werden, um die Verantwortung für die Nichterfüllung eigener Ansprüche dem Gesprächspartner anzulasten. Die einzige Möglichkeit diese Spirale zu unterbinden, ist das deutlich artikulierte, augenblickliche Klären von Differenzen mit den Personen, die es betrifft, in dem vollen Bewusstsein über das, was als Defizit bei uns wahrgenommen wird (Gefühl-Bedürfnis).

Wie gehe ich mit Wutausbrüchen, verbalen Angriffen und übergriffigem Verhalten um?

Die eingeschränkte Frustrationstoleranz und die Defizite im Bereich der Impulskontrolle führen mitunter zu ausagierenden Verhaltensweisen, d. h. zu aggressiven Ausbrüchen, in denen diese Anspannungen durch Entladungen an Außenstehende kompensiert werden. Irrtümlicherweise reagieren viele Partner und Angehörige darauf, indem sie die dabei entladende Wut und den Schmerz annehmen. In ihnen hält sich die Illusion, der Borderline-Persönlichkeit zu helfen, indem sie nachsichtig, überrücksichtsvoll, tapfer, alles hinnehmend und vermeidend agieren. Zunächst einmal sollte der Partner oder Angehörige sich darüber bewusst sein, dass:

➤ er zwar ein bestimmtes Verhalten auslösen kann, nicht aber für die damit im Zusammenhang stehenden Gefühle und den Umgang damit verantwortlich ist. Die Verantwortung dafür trägt ALLEIN die Borderline-Persönlichkeit.

➢ die Grundproblematik der Borderline-Persönlichkeit eine Identitätsstörung ist, die massive Ängste und Gefühle der Leere hervorruft. Diese Leere kann NUR von der Borderline-Persönlichkeit selbst gefüllt werden. KEINE äußere Anstrengung hat hier die Möglichkeit förderlichen Einfluss zu nehmen, wenn eine selbstverantwortliche Beteiligung des Betroffenen fehlt.

➢ er ein Recht auf eine eigene Meinung, eigene Gefühle oder Bedürfnisse hat, sowie das Recht, damit auf eigene Art umzugehen und in diesem Zusammenhang, wie jeder andere Mensch auch, Fehler zu machen, ohne herabgewürdigt, entwertet oder verletzt zu werden.

➢ er das Recht hat, sich in Auseinandersetzungen vor psychischen und physischen Übergriffen zu schützen und sich gegebenenfalls der Situation zu entziehen.

➢ er die Pflicht und Verantwortung trägt, hilflose Beteiligte wie Kinder zu schützen.

Sinnvolle Merksätze im Zusammenhang mit einer Konfrontation können z. B. sein:

➢ Damit bin ich nicht gemeint!
➢ Ich habe ein Recht darauf so zu sein, wie ICH bin!
➢ Er/Sie hat jetzt wahrscheinlich Angst!
➢ Das ist interessant, was jetzt passiert!

Bei der beginnenden Konfrontation mit ausagierendem Verhalten, sollte einer dieser Merksätze oder auch ein ganz individueller Satz, vor die gewohnte, ängstlich lähmende oder ebenfalls wütende, innere Emotionsspirale gesetzt werden. Dadurch kann eine hilfreiche innere Distanz geschaffen werden, die zum einen die Möglichkeit gibt, den Partner und den Hintergrund seines Verhaltens genau wahrzunehmen und zum anderen eine sinnvolle, reflektierende Strategie zu entwickeln. Auch und gerade hier ermöglicht die Gewaltfreie Kommunikation die Chance, durch Verständnis und Selbstverständnis Einfluss zu nehmen. Wer wahrnehmen kann, dass Wut und Aggression aus einem hilflosen Umgang mit Angst resultieren, wird sich selbst nicht mehr als abgewertet sehen und entsprechend hilfreicher damit umgehen können.

Auseinandersetzungen die Sie in Ihrer Persönlichkeit entwerten, müssen und sollten Sie dennoch nicht akzeptieren. Als Partner oder Angehöriger einer Borderline-Persönlichkeit ist es aber gerade aus diesem Grund wichtig, sich intensiv mit der Fähigkeit des aktiven Zuhörens oder Sprechens auseinanderzusetzen und deren Möglichkeiten zu nutzen. Durch aktives Zuhören und Hinterfragen erhalten Sie zum einen wesentlich mehr Informationen, zum anderen haben Sie so die Möglichkeit, durch das Reflektieren von Emotionen Zugang zu dem Betroffenen zu erhalten. Aggressive verbale Konfrontationen können ausagierenden Charakter tragen und somit spannungslösend für den Betroffenen wirken. Für den Angehörigen oder Partner bauen sich jedoch Spannungen auf, die letztendlich auch die Beziehung untergraben. Wie in jeder Interaktion ergeben sich auch hier typische Verhaltensweisen, die ein bestimmtes Kommunikationsmuster zwischen den Betroffenen entstehen lassen, welches die Beziehung und die beteiligten Personen systematisch zerstören kann.

So kann das Erheben der Stimme, ein scharfer Tonfall oder bereits ein Blick zur Folge haben, dass jede Entgegnung vermieden wird. Wenn diese Signale bereits Angst auslösen, ist eine Verständigung im beiderseitigen Sinn bereits erschwert, es sei denn, das wahrgenommene Gefühl wird anerkannt und thematisiert. Es ist das Recht jedes Menschen eine eigene Meinung zu haben, diese zu vertreten und zum Ausdruck zu bringen. Dies gilt für alle an einer Interaktion beteiligten Personen. Auch wenn Ansichten oder Meinungen nicht konform gehen, hat jeder Beteiligte das Recht auf Respekt. Sollte dieser nicht gewährt werden und aggressive und abwertende Anteile Einfluss auf die Kommunikation nehmen, sollte das Gespräch abgebrochen werden. Auch hier können nichtdefensive Formulierungen hilfreich sein.

Bei Gesprächsabbrüchen
➤ Ich sehe, dass du dich jetzt sehr aufregst, ich schlage vor, dass wir weiterreden, wenn du dich beruhigt hast.
➤ Ich kann verstehen, dass du dich aufregst, aber ich akzeptiere nicht, dass du in diesem Ton mit mir sprichst. Lass uns reden, wenn du in der Lage bist, sachlicher mit mir zu sprechen.
➤ Es tut mir leid, dass du dich so aufregst, aber ich bin nicht bereit unter diesen Umständen das Gespräch weiterzuführen.

Zugang suchen
➤ Du bist sehr aufgeregt und wütend. Kannst du mir helfen zu verstehen, warum das so ist?
➤ Kannst du mir erklären, warum dir das so wichtig ist?
➤ Hast du eine Idee, wie wir dieses Problem lösen können?

Wie reagiere ich auf Selbstverletzungen?

Selbstverletzungen sind häufig die Konsequenz auf ein als Belastung erlebtes Ereignis oder der Wut auf sich selbst, aus dem Verlangen heraus, sich zu bestrafen. Dadurch wird „eigenes" Versagen oder das, was als Verletzung wahrgenommen wurde, kompensiert. Selbstbestrafung ergibt sich aber auch aus der nicht anders beherrschbaren Wut auf andere. Da diese sich gegen das eigene ICH wendet, kann diese Art der Vergeltung jederzeit und ohne Angst vor einer Reaktion dessen ausgeübt werden, gegen die sie sich eigentlich richtet. Selbstverletzende Handlungen sind z. B. selbst beigebrachte Schnittverletzungen, Verbrennungen, Schläge mit Händen, Knien u. a. gegen Wände, das Verschlucken spitzer oder scharfer Fremdkörper oder das sich selbst Beißen und Kratzen. Die alles beherrschende Angst und das Gefühl der Ausweglosigkeit eröffnen einen Strudel von unerträglichen Emotionen, welche durch den Einsatz körperlichen Schmerzes unterbrochen werden können. Unverarbeitete Erinnerungen, traumatische Erlebnisinhalte und Bilder (Flashbacks) werden ebenfalls auf diese Art abgewehrt.

Insofern zeigt sich in der Selbstverletzung eine durchaus funktionale und somit hilfreiche Verhaltensweise, da durch sie erfolgreich Spannungen reduziert werden können. Diese entstehen aus einer hilflosen Ohnmacht heraus und sollen durch Schneiden, Brennen oder Schlagen unter Kontrolle gebracht werden. Die Betroffenen registrieren in ihrer Umwelt oft Bestürzung und Maßnahmen intensivierter Unterstützung, aber auch strafende oder sogar gewalttätige Zuwendung auf selbstverletzende Aktivitäten. Hieraus entwickeln sich dann häufig Verhaltensmuster, die manipulierenden Charakter tragen. Mit der Zeit reagieren die Menschen, die sich mit diesem manipulierenden Verhalten konfrontiert sehen, aber immer weniger und ziehen sich unter Umständen sogar vom Betroffenen zurück oder entwickeln „Gegenaggressionen" in Form von Psychiatrieeinweisungen und Zwangsmaßnahmen (Sedierung, beschützte stationäre Unterbringung, Fixierung). In der Konsequenz können sich Selbstverletzungen dann noch potenzieren und in suizidale Handlungen übergehen. Insofern sollte immer auch der Hintergrund erfragt werden. Die Frage, ob der Wunsch nach Selbsttötung besteht, muss klar und glaubhaft verneint werden, da eine ambulante Beratung oder Behandlung ansonsten ein zu hohes Risiko in sich tragen würde.

Selbstverletzendes Verhalten sollte immer als Hilfeschrei verstanden werden. Auch dann, wenn Partner oder Angehörige sich manipuliert und emotional erpresst fühlen, sollten diese sich sehr destruktiv auswirkenden Verhaltensweisen nicht als persönlicher Angriff verstanden werden. Jedes Verhalten eines Menschen dient der Befriedigung eines Bedürfnisses. Dies schließt konstruktive wie auch destruktive Verhaltensmuster ein. Insofern bietet sich für Angehörige und Partner durchaus die Möglichkeit, einschränkende Verhaltensweisen nicht zu unterstützen oder zu forcieren. Hierbei ist es wichtig:

➤ Das Verhalten des Betroffenen nicht als persönliche Provokation oder Angriff zu werten.

- Zuwendung und Fürsorge nicht auf Momente selbstschädigenden Verhaltens einzuschränken.
- Ruhe zu bewahren, um hilfreiche Maßnahmen ergreifen zu können.
- Kontakt zu dem Betroffenen herzustellen, wobei Elemente aus der SET-Kommunikation (siehe S. 65) und der Gewaltfreien Kommunikation (siehe S. 59) sehr hilfreich sein können.
- Nicht die Verantwortung für selbstschädigende Verhaltensweisen zu übernehmen.
- Kompetente Hilfe in Anspruch zu nehmen.

Selbstverletzende Verhaltensweisen wirken für den Betroffenen spannungsreduzierend und somit hilfreich, gleichzeitig steigert sich aber für Partner und Angehörige die emotionale Belastung und Verantwortung ins Unerträgliche. Forderungen und Erwartungen dieser, Selbstverletzungen einzustellen, würden dem Betroffenen aber auch die Möglichkeit der Spannungsregulation nehmen. Das Ansteigen der Spannungen und der daraus resultierende Drang nach Entspannung durch Selbstverletzung, eröffnet dann einen Teufelskreis, aus dem weder der Betroffene noch Angehörige oder Partner entkommen können. Mit Hilfe therapeutischer Unterstützung für beide Seiten ist es jedoch möglich, sinnvolle Alternativen zu erarbeiten. Angehörige und Partner sind hier stark gefordert, eigene Grenzen wahrzunehmen und die Balance zwischen Verantwortungsbewusstsein und der Verantwortungsübernahme zu finden. Eine förderliche Unterstützung ist nur dann zu realisieren, wenn hilfloses Agieren vermieden wird. In dem Ratgeber „Borderline: Das Selbsthilfebuch" von Andreas Knuf und Christiane Tilly, finden sich viele hilfreiche Anregungen für Bewältigungsstrategien, die eine professionelle Begleitung nicht ersetzen, aber unterstützen können.

Für Angehörige und Partner ergeben sich aus den Konfrontationen mit Selbstverletzungen immer wieder eigene emotionale Belastungen, die zumeist in den Hintergrund gedrängt werden, da die Hilfestellung für den Betroffenen vordergründig wahrgenommen wird. Hilflosigkeit, Angst, Wut und Schuldgefühle der Angehörigen verdichten sich zu einem Komplex, der die Möglichkeiten für sich selbst zu sorgen, stark einschränkt.

Setzen Sie sich nach einer solchen Situation in Ruhe mit dem auseinander, was Sie wahrgenommen und empfunden haben. Konfrontieren Sie sich mit Momenten, die Sie als besonders spannungsreich wahrgenommen haben und hinterfragen Sie Ihre Reaktionen und die Möglichkeiten, für sich selbst hilfreicher zu handeln. Sich außerhalb von Spannungsmomenten, mit den darin erlebten Emotionen und Bedürfnissen auseinanderzusetzen und die sich daraus ergebende Strategien zu hinterfragen, ermöglicht im Wiederholungsfall ein kongruentes und damit auch sicheres Auftreten. Akzeptieren Sie eigene

Ängste und verurteilen Sie sich nicht für Hilflosigkeit, Ohnmachtsgefühle, Wut und Ärger. Diese Gefühle sind durchaus angebracht und signalisieren Ihnen nur, dass es in Ihrem Erleben Defizite gibt.

➤ Erfragen Sie eigene Bedürfnisse: Was wäre Ihnen in Momenten der Konfrontation wichtig, welche Möglichkeiten gibt es für Sie, dem zu entsprechen?

➤ Hinterfragen Sie eigene Verhaltensweisen in Bezug auf Co-Abhängigkeit. Gibt es Momente, in denen Sie immer wieder nachgeben oder vorausschaubar so reagieren, dass sich daraus Manipulationen ergeben können?

➤ Üben Sie kommunikative Methoden, die es Ihnen ermöglichen, sich auch unter der für Sie wahrnehmbaren eigenen Hilflosigkeit, bewusster zu artikulieren.

➤ Legen Sie sich Telefonnummern und Adressen bereit, so dass Sie im Ernstfall schnell professionelle Ansprechpartner finden.

➤ Suchen Sie Kontakt zu Selbsthilfegruppen. Hier ergeben sich sinnvolle Möglichkeiten des Austauschs und Kontakte, die es Ihnen ermöglichen, Ihrer Isolation und der sich daraus ergebenden Hilflosigkeit zu entkommen.

Seien Sie sich auch darüber bewusst, dass eine hilflose Reaktion, auf eine aus Hilflosigkeit resultierende Selbstverletzung, weder für Sie noch für den Betroffenen hilfreich ist. Wenn Sie lernen, sicher und konsequent aufzutreten, werden Sie auch in der Lage sein, Stabilität zu vermitteln, und Stabilität ist das wichtigste Potential im Umgang mit instabilen Verhaltensweisen und den sich daraus ergebenden selbstverletzenden und suizidalen Handlungen.

Wie gehe ich mit Suizidandrohungen um?

Suizidale Gedanken bilden den Höhepunkt selbstschädigender Verhaltensweisen und beinhalten Ideen und Fantasien, die sich mit Fragen auseinandersetzen wie: „Was wäre, wenn ich mich umbrächte und auf welche Art könnte ich das tun?" Derartige Gedanken „schützen" vor einer tiefergehenden Auseinandersetzung mit Problemen und Konflikten. Sie befreien vor einer emotionalen und kognitiven Auseinandersetzung mit diesen und der damit verbundenen innerlichen Anspannung. Suizidale Gedanken funktionieren somit auch als Schutz vor dem Erleben eines emotionalen Chaos und sind dabei aber immer Ausdruck von Hilflosigkeit und dem Unvermögen, sich mit der als grauenvoll erlebten Realität auseinanderzusetzen. Eine suizidale Verhaltensweise ist z. B. die erkennbare Faszination durch die Thematik Tod, die durch Gespräche oder Bemerkungen erkennbar wird. Künstlerisch veranlagte Menschen bringen ihre Gedanken z. B. in kreativer Form zum Ausdruck. Über Bilder, Gedichte oder Musik soll die Umwelt beabsichtigt oder unbeabsichtigt auf die innere Hilflosigkeit aufmerksam gemacht werden. Aufmerksam sollte man auch werden, wenn der Betroffene Dinge verschenkt, die ihm viel bedeuten und er sich immer mehr isoliert und zurückzieht.

Die Ursache für selbstschädigende und suizidale Verhaltensweisen finden sich in einer tief erlebten Hilflosigkeit. Eben diese Hilflosigkeit findet häufig ihren Ausdruck in den Verhaltensweisen, die als Emotionale Erpressung (siehe S. 67) wahrgenommen werden. Partner und Angehörige befinden sich hier in einem ausweglosen Dilemma. Geben Sie nach, signalisieren Sie, dass derartige Verhaltensweisen akzeptiert werden und die Angst davor, dass der Betroffene seine Drohung wahr macht, wird zum ständigen, zermürbenden Begleiter. Der Druck und die Übernahme der Verantwortung erzeugen nun auch beim Angehörigen oder Partner Hilflosigkeit und ist somit keine Grundlage einer wirkungsvollen Unterstützung.

Entzieht sich der Angehörige oder Partner dem Druck und negiert die Problematik, muss er gegebenenfalls mit den Konsequenzen leben, wenn der Betroffene seine Drohung wahr macht. Was also tun?

Reagieren Sie immer und unter allen Umständen unterstützend, aber konsequent. Übernehmen Sie nicht die Verantwortung, sondern geben Sie diese jedes Mal, wie oben beschrieben, an professionelle Krisenhelfer ab. Nutzen Sie die Ihnen zur Verfügung stehenden Kommunikationsmöglichkeiten, um den Betroffenen zu erreichen und signalisieren Sie durch konsequentes Handeln Stabilität. Auch wenn es Ihnen unangenehm erscheint, mehrfach Notdienste, die Polizei oder Feuerwehr zu alarmieren, ist es zum Schutz aller Beteiligten unbedingt nötig.

Wenn in einem Gespräch von dem Betroffenen Selbstmordabsichten oder Selbstmordgedanken ausgesprochen werden, sollte auf jeden Fall Ruhe bewahrt werden. Die der Suizidalität zugrunde liegende Hilflosigkeit braucht Hilfe, d. h. keinen Ansprechpartner, der sich angesichts der Situation ebenfalls hilflos fühlt. Hören Sie aktiv zu und ermuntern Sie den Betroffenen, seine Gedanken und Gefühle ganz auszusprechen. Erfragen Sie das Wie und Warum und seien Sie sich dabei immer bewusst, dass diese Gedanken ein Ruf nach Hilfe und der Wunsch nach Beendigung einer nicht mehr zu ertragenden Notsituation sind.

Auf keinen Fall sollten Vorwürfe in Form von „wie kannst du mir das antun" oder Beschwichtigungen wie „so schlimm ist deine Situation ja nun auch nicht, das kriegst du doch wieder hin" angebracht werden. Vorwürfe rufen in dem Betroffenen nur weitere Schuldgefühle hervor und verstärken auch das Gefühl der Unfähigkeit. Beschwichtigungen hinterlassen, auf Grund der fehlenden einfühlenden Spiegelung von Emotionen, das Gefühl der Isolation. Beides verstärkt das Gefühl der Hilflosigkeit und potenziert die Situation.

Gehen Sie IMMER davon aus, dass suizidale Verhaltensweisen oder Gedanken einen ernsthaften Hintergrund haben, der auf keinen Fall ignoriert werden darf. Nehmen Sie derartige Anzeichen immer ernst! Wird eine Selbstmordabsicht angekündigt, sind Sie zum sofortigen Handeln verpflichtet. Äußert der Betroffene in Ihrem Beisein derartige Gedanken, dürfen Sie ihn auf keinen Fall allein lassen. Setzen Sie sich mit ihm auf o. g. Art auseinander und beziehen Sie eine eindeutige Position. D. h. auch wenn Hilfestellung abgelehnt wird, geben Sie deutlich zu verstehen, dass Sie durch dieses Gespräch den Wunsch nach Hilfe wahrgenommen haben und Sie entsprechende Maßnahmen ergreifen müssen und werden.

Auf keinen Fall dürfen Sie die Verantwortung übernehmen, suchen Sie fachkundige Hilfe und delegieren Sie die Verantwortung in kompetente Hände! Bei einem akuten Notfall oder einer Krisensituation sollten Sie umgehend und ohne zu zögern:

➤ Zu ihrem Arzt gehen oder ihn anrufen.
➤ Den ärztlichen Notdienst informieren.
➤ Kontakt mit einem Krankenhaus oder der Psychiatrie aufnehmen.
➤ Wenn eine akute Gefahr vorliegt, bei der Sie mit „normalen" kommunikativen Mitteln nichts erreichen können, rufen Sie die Polizei oder die Feuerwehr.
➤ Sich an ein Hilfsangebot für Krisensituationen wenden. Eine Auswahl von möglichen Anlaufstellen und Kontaktadressen habe ich am Ende des Buches für Sie zusammengestellt:

Erstellen Sie sich VORHER eine Art Nothilfeliste, auf der alle Ansprechpartner und deren Telefonnummern verzeichnet sind. Im Notfall ersparen Sie sich so wertvolle Zeit und Kraft.

Wie kann ich konsequent sein, wenn ich weiß, dass ich dafür verurteilt und angegriffen werde?

Es kostet viel Mut aus einem gewohnten Verhaltensmuster auszubrechen. Zum einen braucht es viel Ihrer Kraft und Beherrschung, spontanes Reagieren zu unterdrücken, zum anderen müssen Sie sich auch noch damit auseinandersetzen, dass der Kommunikationspartner auf diese ungewohnte Verhaltensweise entsprechend reagieren wird. Es ist sehr verständlich, wenn Sie Angst davor haben, Dinge auszusprechen, die sie bisher nicht ausgesprochen haben, um Eskalationen oder unangenehme Reaktionen zu vermeiden. Mit dem Grundgefühl der Angst werden Sie auf jeden Fall konfrontiert. Machen Sie sich auch bewusst, dass Sie nicht den Betroffenen mit Ihrer Zurückhaltung schützen, sondern sich. Für den Betroffenen wäre ein ehrliches Feedback zwar unangenehmer, aber hilfreicher. Seine Chance, die Realität wahrzunehmen und sich mit ihr auseinanderzusetzen, ist davon abhängig, wie er mit ihr konfrontiert wird. Vermeiden Sie diese Konfrontation, unterstützen Sie die Bereitschaft des Betroffenen die Realität zu leugnen und zeigen damit co-abhängiges Verhalten. Integrieren Sie diese Tatsache und gewinnen Sie so die Motivation, eine konsequente Haltung durchzustehen.

Wie kann ich Kontaktabbrüche vermeiden?

Viele von Borderline Betroffene wissen von ihrer Neigung, in Konfliktsituationen Beziehungen abzubrechen, um sich nicht eingehender auseinandersetzen zu müssen. Sie wissen selbst, dass sie in konfliktgeladenen Situationen nur schwer zugänglich sind und fühlen sich im Nachhinein mitunter ebenso hilflos, weil sie nicht wissen, wie sie den Kontakt wieder aufnehmen können.

Isolation und Einsamkeit nehmen so immer mehr zu und werden somit auch bedrohlicher und beängstigender. Suchen Sie zu einem ruhigen Zeitpunkt das Gespräch mit dem Betroffenen. Auch hier ergibt sich eine gute Möglichkeit die Gewaltfreie Kommunikation einzusetzen. Sprechen Sie offen davon, wie hilflos Sie sich bei Auseinandersetzungen fühlen, weil Sie Angst haben, den Kontakt zu verlieren. Betonen Sie, wie viel Ihnen an diesem Kontakt gelegen ist und wie wichtig es für Sie wäre, der Beziehung einen stabileren Rahmen zu geben. Fragen Sie, ob es dem Betroffenen möglich wäre, einen „Erinnerungsbrief" zu verfassen, mit dem, nach einem durch ihn erfolgten Kontaktabbruch, nach einiger Zeit der Kontakt wieder aufgenommen werden kann. Dieser Brief wird vom Betroffenen selbst verfasst und anschließend dem Kontaktpartner, übergeben.

Nach einem erfolgten Kontaktabbruch kann dieser den Brief dann an den Betroffenen senden, um so eine erneute Kontaktaufnahme zu ermöglichen. In diesem Brief kann der Betroffene z. B. formulieren, dass er sich in der Beziehung wohl gefühlt hat und diesen Kontakt auch als wertvoll empfindet. Er kann sich an angenehme Momente erinnern und auch daran, dass er dazu neigt, in Spannungssituationen zu impulsiv zu reagieren. Letztendlich erinnert er sich dann selbst daran, dass der Erhalt dieses Briefes eine neue Verbindung ermöglichen kann.

Wie kann ich mich künftig vor einer Beziehung zu einer Borderline-Persönlichkeit schützen?

Eine Frage die oft an mich herangetragen wird, zumeist von Partnern, die sich nicht in der Lage sehen, sich in ihren Beziehungen zu behaupten oder sich aus diesen zu lösen. Häufig aber auch von ehemaligen Partnern, die noch immer emotional unter den Konsequenzen der vergangenen Beziehung leiden und sich immer wieder in für sie destruktiven Beziehungen wiederfinden.

Es ist nicht nötig, sich vor Beziehungen oder Kontakten zu Betroffenen zu schützen. Die Begegnung mit Borderline-Persönlichkeiten kann auf stabile und selbstbewusste Persönlichkeiten keinen destruktiven Einfluss nehmen. Ich würde sogar so weit gehen zu behaupten, dass im Kontakt zu einer Borderline-Persönlichkeit eine große Chance liegt. Die Chance der schonungslosen Selbstwahrnehmung und Auseinandersetzung mit eigenen Werten und Bedürfnissen.

Beziehungen zu Borderline-Persönlichkeiten können das Bild, welches man von sich hat, in Frage stellen. Eigene Persönlichkeitsdefizite machen sich drastisch und schmerzhaft bemerkbar, aber aus jeder Konfrontation, die ängstigt oder verletzt, ergibt sich die Möglichkeit zu hinterfragen, warum ist das so? Was verletzt mich und warum? Was brauche ich, damit es mir besser geht und ich damit umgehen kann? Was kann ich tun, um ähnlichen Situationen so zu begegnen, dass sie in der Konsequenz dem entsprechen, was ich brauche, um mich in dieser Beziehung wahrgenommen und respektiert zu fühlen?

Es geht nicht darum, sich vor einer Borderline-Persönlichkeit zu schützen. Es geht darum, sich vor eigenen Ansprüchen und Erwartungen zu schützen, die einer derartigen Beziehung nicht standhalten. Es gibt zahlreiche Beziehungen zwischen „gesunden" Partnern, die an ihrer Erwartungshaltung an den anderen scheitern. Partner, die vom anderen die Befriedigung ihrer Bedürfnisse erwarten, ohne sich derer selbst bewusst zu sein. Ängste, die verborgen und überspielt werden, so dass sich die Partner eher in einem Schauspiel als in einem förderlichen Miteinander wiederfinden. Die Suche nach der eigenen Identität erfolgt nur allzu oft und bei weitem nicht nur in Borderline-Beziehungen über den Partner. Von ihm erwarten wir eine Spiegelung, die dem entspricht, was wir sein wollen, aber nicht sind. Und so spielen wir eben die Rollen, von denen wir uns versprechen, dass wir ein Bild reflektiert bekommen, welches uns glauben lässt, so angenommen zu werden wie wir sind und gehen dabei in unsere eigene Falle. Denn, wenn wir uns nicht geben, wie wir sind, kann der Partner uns auch nicht so annehmen. Irgendwann bleiben dann nur noch die beiderseitige Enttäuschung und das Gefühl, betrogen worden zu sein – selbstverständlich vom anderen, womit man sich in seiner Einstellung der mangelnden Selbstwahrnehmung treu bleibt.

Er oder sie hat letztendlich nicht gehalten was man sich erhoffte und die Enttäuschung ist groß. Ent-täuschung, wortwörtlich das Ende einer Täuschung, der Täuschung des anderen und meiner selbst.

Wir haben nur dann die Chance auf eine gesunde und stabile Beziehung, wenn wir uns zunächst auf uns selbst einlassen und es nicht nötig haben, in anderen nach uns selbst zu suchen. Wenn wir stabil genug sind, selbstverantwortlich für uns zu sorgen und uns vertrauensvoll zu öffnen, auch in dem Bewusstsein verletzt zu werden, wird auch die Begegnung mit einem Partner der in seiner Instabilität Halt sucht kein Risiko für uns sein.

9. Nach der Trennung

Danach ... und nun ...?

Mitunter wird es unausweichlich sein, sich der Erkenntnis zu stellen, dass eine Beziehung trotz aller Bemühungen keine Chance hat. Wenn das Wachsen an der Problematik einseitig ist, Selbstwahrnehmung und Reflektion nur von einem Partner ausgehen, ist eine gemeinsame Entwicklung nicht mehr möglich. Auch ein Höchstmaß an innerer Einfühlung, empathischer, situationsgerechter Kommunikation und Stabilität können ohne Resonanz bleiben, wenn die Borderline-Persönlichkeit sich der eigenen Entwicklung nicht stellen kann. Es bleibt dem Partner an diesem Punkt dann nichts anderes übrig, als dies zu akzeptieren, denn Veränderungen der Persönlichkeit sind niemals von außen und ohne den Willen und die bewusste Mitarbeit des Betroffenen zu realisieren.

Wenn die Bedürfnisse des Partners permanent Defizite aufweisen und keine Möglichkeit gefunden wird, ihnen innerhalb der Beziehung zu entsprechen, gehört es zu den gesunden und selbsterhaltenden Verhaltensweisen, Auswege zu finden, die der eigenen Stabilität und Gesunderhaltung gerecht werden – eine Trennung ist unausweichlich. In dem Moment, in dem die Beziehung von einem oder beiden Partnern als gescheitert empfunden und eine Trennung ausgesprochen wird, endet für den Partner der Borderline-Persönlichkeit nicht nur eine psychisch extrem belastende Zeit, in der er einem Wechselbad der Gefühle und einer sich ständig verändernden Beziehungsstruktur ausgeliefert war. Es beginnt auch die Phase, in der die vom Borderline-Partner oftmals angenommene eigene Instabilität und innere Zerrissenheit erkennbar wird. Zweifel, Angst, Hoffnung, Schuld und Scham werden und bleiben noch lange ständige Begleiter. Mitunter werden wiederholt Trennungen von der Borderline-Persönlichkeit ausgesprochen und ebenso oft widerrufen.

Manche Partner sind bereits dermaßen demoralisiert, dass sie das ständige Auf und Ab und Hin und Her ebenso akzeptieren, wie die Instabilität der gesamten Beziehung. Wann also beginnt wirklich das Danach? Wenn noch immer Hoffnung besteht, den Partner durch nachgeben oder erneute Bemühungen doch noch zu erreichen, zu heilen oder zurückzuerobern? Oder dann, wenn das eigene Bewusstsein ein deutliches Stopp signalisiert? Der Selbstschutz verlangt irgendwann, die Trennung zu akzeptieren. Die Erkenntnis, dass diese Bindung keine Chance hat, setzt sich aus reiner Selbsterhaltung durch. Jetzt steht der Partner vor einer zunächst unsagbar schweren Aufgabe, der Verarbeitung des Geschehens, dem Erkennen eigener Anteile, dem Loslassen und dem Neuanfang.

Warum fällt das Loslassen so unendlich schwer?

Der Beginn einer Beziehung zu einer Borderline-Persönlichkeit ist durch eine starke Intensität geprägt, die ja vor allem auf der Idealisierung des Partners beruht. Der Partner erfährt durch den Betroffenen eine Zuwendung und Aufwertung, wie er sie in seinem Leben vielleicht noch nie erlebt hat. Wie aus den typischen Merkmalen der Borderline-Partner zu erkennen ist, existieren hier oft drastische Defizite in der Selbstwahrnehmung und in vielen Bedürfnissen wie Zuwendung und Wahrgenommen werden. Auf einmal wird all diesen Bedürfnissen entsprochen und die Beziehung wird, auf Grund der perfekten Wahrnehmung und Spiegelung, wie eine Verschmelzung empfunden. Hier findet sich auch der Grund dafür, dass trotz andauernder emotionaler Misshandlung, viele Partner die intensive Bindung an die Borderline-Persönlichkeit betonen und mitunter ihr eigenes Empfinden, angesichts der Umstände, nicht nachvollziehen können.

Dafür finden sich verschiedene Erklärungen. So unterstellte z. B. Freud bereits 1920 das Konzept des Wiederholungszwanges, wonach Menschen dazu neigen, alte und vertraute Szenarien zu wiederholen. Paradoxe Phänomene, in denen Menschen in ein Milieu zurückgehen, in dem sie geschlagen, entwürdigt und misshandelt werden, obwohl niemand sie zwingt (z. B. Frauenhäuslerinnen, Prostituierte, oder auch scheinbar ganz „normale" Menschen aus scheinbar ganz „normalen" Familien). Es sind paradoxe Phänomene der Hörigkeit und Abhängigkeit bekannt, in denen sich Kinder an Eltern binden, die sie schlagen, vernachlässigen und wegstoßen.

Ich möchte es in Frage stellen, ob es sich dabei um ein paradoxes Phänomen handelt. Vernachlässigte und missachtete Kinder sind sich ihrer destruktiven Umwelt zunächst nicht bewusst. Sie wehren dies aus eigenem Überlebenstrieb auch ab. Die Eltern als Täter wahrzunehmen hätte eine lebensbedrohliche Hilflosigkeit zur Folge, da sie ja von der Zuwendung ihrer Eltern in ihrer Existenz abhängig sind. Insofern übernehmen Kinder die Verantwortung für das Verhalten ihrer Eltern, um ein gewisses Maß an innerer Stabilität zu erhalten. Gleichzeitig manifestiert sich in ihnen der Glaube, schlecht, schuld und liebensunwert zu sein. Die Bindung an destruktive Beziehungen erscheint vertraut und entspricht in den Erfahrungen den erlebten Glaubenssätzen. Das erneute Erleben schlecht, schuld und wertlos zu sein, wird mit vertrauter Bindung assoziiert. Letztendlich wird Liebe mit Schmerz gleich gesetzt, ein durchaus nachvollziehbares Verhalten.

Dazu kommt der Einfluss der instabilen Nähe-Distanz-Problematik. Wer sich je in einer sich stark identifizierenden, emotionalen Bindung zu einem Menschen befunden hat, wird nachvollziehen können, welche massiven emotionalen Reaktionen sich aus drastischen und nicht nachvollziehbaren Distanzen ergeben. Auf Grund Skinners Lerntheorie wissen wir, dass sich ein bestimmtes Verhalten manifestiert und festigt, wenn die Verstärkung (positive = Gabe einer Belohnung, negative = Wegnahme einer Strafe) unregelmäßig erfolgt. Die darin enthaltene Irrationalität, und Unberechenbarkeit im zuwendenden Verhalten, schafft demnach eine stärkere Bindung, als es in einer stabilen, vorausschaubaren Bindung möglich ist.

Dazu bietet die ständige Unsicherheit, die sich aus dieser Unberechenbarkeit ergibt, einen idealen Nährboden für eine permanente gedankliche und emotionale Fixierung auf die mit den Emotionen in Verbindung gebrachte Bezugsperson.

In der Beziehung zu einer Borderline-Persönlichkeit werden emotionale Überflutungen, die ja zu der Persönlichkeit des Betroffenen gehören, an den Partner weitergegeben. Durch Auf- und Abwertung, Nähe und Distanz, Manipulationen, Suizidale Verhaltensweisen und permanente impulsive Konfrontationen sind Partner ständig emotional involviert. Es ist ihnen kaum möglich, sich gefühlsmäßig so zu distanzieren, dass eigene Ruhepausen geschaffen werden können. Erstreckt sich dieses Erleben über einen längeren Zeitraum, kommt die gedankliche und emotionale Fixierung einer Gehirnwäsche nahe. Die Betroffenen sind kaum noch in der Lage, ihre Gedanken und Gefühle auf einen Lebensbereich zu konzentrieren, der nicht in Zusammenhang mit der Borderline-Persönlichkeit steht.

Viele Erlebnisse von Partnern und Angehörigen, in denen sie entwertet, angegriffen, geschlagen und bedroht wurden, tragen für sie traumatischen Charakter. Traumatische Reaktionen kann man daran erkennen, dass Emotionen, die das traumatische Erleben begleitet haben, durch einen ähnlichen Reiz immer wieder in der gleichen Intensität aktiviert werden können. Es existiert keine zeitliche Einordnung des traumatisch Erlebten, so dass Angst, Schmerz und Hilflosigkeit immer wieder präsent sein können. Alpträume, emotionale Teilnahmslosigkeit, Vermeidungsverhalten gegenüber Situationen, die mit dem traumatischen Erleben in Zusammenhang gebracht werden und depressive Stimmungen sind Symptome traumatischen Erlebens. Hier sollte ganz klar professionelle Hilfe gesucht werden, um eine hilfreiche Aufarbeitung zu ermöglichen, bevor sich das traumatische Erleben durch permanente nicht nachlassende Reizkonfrontation verstärkt und zu schweren psychosomatischen Erkrankungen führt.

Ein wirkliches Los-Lassen kann demnach nur dann realisiert werden, wenn die Vielzahl von Eindrücken intensiv verarbeitet werden kann. Schuld- und Verantwortungsgefühle müssen hinterfragt werden und die Ursachen und Zusammenhänge für eigene Anteile in Bezug auf das Selbstbild und den Selbstwert geklärt werden. Die ehemalige destruktive Bindung wird solange als Bedrohung empfunden werden, so lange der Prozess dieser Bindung nicht transparent und verständlich gemacht wird.

Trauern

Zum Loslassen gehört auch das bewusste Abschiednehmen, das Trauern um den Verlust des Kontaktes zu dem Menschen, dem man nahe sein wollte. Hoffnungen haben sich zerschlagen, Lebenspläne müssen oft neu erarbeitet werden. Das eigene Leid muss wahrgenommen, zugelassen und verarbeitet werden. Schmerz und Wut, oft lange negiert und abgewehrt, müssen ihren Raum finden und letztendlich wollen auch neue Wege voll Zuversicht und Lebensfreude gefunden werden. Dieser Prozess ist langwierig und teilt sich in verschiedene Phasen, die alle bewusst durchschritten und wahrgenommen werden sollten.

Nehmen Sie sich Zeit zum Trauern. Lassen Sie sich bewusst auf die damit verbundenen Gefühle ein, verdrängen und bewerten Sie diese nicht. Nachfolgend möchte ich Sie mit den einzelnen Phasen der Trauer vertraut machen, so dass Sie sich selbst in ihnen wiederfinden und Fortschritte registrieren können.

Krisenphasen

Schock: ist die Phase der Lähmung und Verwirrung, alte und scheinbar verlässliche Muster werden aktiviert. Flucht, tot stellen, Emotionen wie Traurigkeit, Wut, Zorn und Angst überfluten und bereiten die nächste Phase vor.

Verleugnung: das krisenauslösende Ereignis wird geleugnet oder abgewehrt. Es soll, darf und kann nicht wahr sein. An der alten Realität wird festgehalten.

Vorbereitung: es beginnt der Versuch, das Problem mit vertrauten und bekannten Methoden zu beheben. Informationen werden gesammelt (Bücher, Gespräche, andere Meinungen).

Kognitive Einsicht: das Problem wird erkannt und vom Verstand angenommen. Erste Geschichten über das Problem werden erzählt, wobei Gefühle aber nicht reflektiert bzw. bagatellisiert werden.

Abwehr der Emotionen: es werden Emotionen wahrgenommen, die zu der Problemgeschichte passen, diese werden jedoch abgelehnt. Dies geschieht aus einem gewissen Selbstschutz heraus, so will man nicht fühlen, das tut weh und ist unerwünscht.

Annehmen der Emotionen: die Gefühle werden jetzt angenommen und in die Geschichte des Problems integriert. Unangenehme Emotionen werden neu aktiviert und auch neu empfunden. Die Geschichte wird neu erzählt, jetzt emotional.

Inkubationsphase: es treten Selbstzweifel auf. Bekannte Handlungsmuster werden als unpassend erkannt. Es entsteht eine latente Angst vor weiteren Verlusten, was auch den Weg zu neuen Lösungen blockiert.

Einsicht und Integration: eine Lösung taucht auf. Neue Zusammenhänge werden erkannt, man weiß, was zu tun ist, woraus sich Erleichterung und Freude ergibt.

Realitätsprüfung: aus der neuen Einsicht ergibt sich eine Handlung. Lösungsschritte werden erstmalig ausprobiert und systemische Zusammenhänge erkannt.

Vielleicht ist es für Sie hilfreich, sich in einer dieser Phasen (Lehrmaterial von Dr. Björn Migge, ILS) wiederzufinden, in dem Wissen, vorwärts zu kommen, Fortschritte zu machen und Ihr Erleben als einen natürlichen Bewältigungsvorgang wahrzunehmen. Sie können bewusst erkennen, ob Sie sich zu sehr auf das dysfunktionale Selbstmitleid eingelassen haben, welches im Zusammenhang mit den o. g. Phasen der Trauer ein Vorgang ist, der nicht über die Inkubationsphase hinausreicht. Eigene Handlungsmuster werden dabei nicht hinterfragt, womit auch keine Eigenverantwortlichkeit angenommen werden kann. Auch die Borderline-Persönlichkeit bleibt in der Phase der Abwehr der Emotionen stecken und kommt aus der Trauerverarbeitung nicht heraus. Wie sich diese gehemmte Verarbeitung traumatischer Erlebnisse in Hinsicht auf eine hilfreiche Entwicklung der Persönlichkeit auswirkt, ist im Dilemma der Borderline-Problematik gut zu erkennen.

Verluste wollen und müssen betrauert werden, um verarbeitet und akzeptiert werden zu können. Dabei geht es nicht nur um den Verlust von Menschen zu denen wir in einem engen Verhältnis standen. Eine verlorene Kindheit, der Verlust von Gesundheit, Jugend und Träumen, all die in uns lebendigen Anteile, die keine oder nur unzureichende Erfüllung in unserem Leben gefunden haben, machen sich emotional durch Frustration und Depression, durch Melancholie und Unsicherheit bemerkbar. So hilfreich Verdrängungsmechanismen auch sein können, sie zu nutzen, um die Konfrontation mit seiner Trauer, in den einzelnen Phasen der Krisenbewältigung zu vermeiden, hat zur Konsequenz, dass der Trauerprozess nicht abgeschlossen werden kann. Kurzfristig erspart uns das Ausweichen eine schmerzhafte Auseinandersetzung mit den Gegebenheiten, aber es nimmt uns auch die Chance, zu reifen, Selbstverantwortung zu übernehmen und wirklich abzuschließen.

Möglichkeiten der bewussten Trauer und Verarbeitung

Erlauben Sie sich, all Ihre Gefühle zu empfinden und werten und verurteilen Sie sich nicht dafür. Lassen Sie Wut, Enttäuschung, Angst und Traurigkeit zu. Spalten Sie sich nicht ab, von dem wertvollsten, was Sie besitzen, Ihren Gefühlen. In der Partnerschaft zu einer Borderline-Persönlichkeit übernehmen Sie mit der Zeit nicht nur viele Verhaltensweisen, sondern auch die dazugehörigen Emotionen und die begleitende Instabilität. Sie haben über einen langen Zeitraum hinweg viele Ihrer eigenen Gefühle und Bedürfnisse verdrängt, Angst, Schuld und Scham haben Sie dabei ebenso überflutet und Sie haben gelernt, schmerzhaft empfundene Emotionen abzuspalten, zu negieren und zu vermeiden. Dies hatte durchaus auch einen bestimmten Sinn für Sie, denn Sie wollten sich vor Eskalationen schützen.

Die von Ihnen in dieser Beziehung entwickelten Verhaltensweisen erschienen zwar für den Augenblick hilfreich, in der Konsequenz wirkten sie aber dennoch zerstörerisch. Erkennen Sie das an und verachten oder entwerten Sie sich nicht selbst für das, was Sie getan oder nicht getan haben. Akzeptieren Sie, dass Sie zu diesem Zeitpunkt keine anderen Möglichkeiten hatten. Schuld und Scham sind hier fehl am Platz, denn Sie haben weder sich noch anderen bewusst schaden wollen. Finden Sie jetzt den Mut, sich Ihren Gefühlen zu stellen. Nehmen Sie diese bewusst wahr und übernehmen Sie auch Ihre Verantwortung dafür.

Nehmen Sie sich Zeit, sich in sich einzufühlen und hinterfragen Sie, warum Sie dieses Gefühl wahrnehmen. Stellen Sie das, was Sie dabei entdecken, in ein realistisches Licht. Empfinden Sie Schmerz? Was genau ist Ihr Bedürfnis dahinter? Der Verlust der Nähe, die Sie in den Zeiten der Idealisierung wahrgenommen haben? War diese Idealisierung stabil? War sie dauerhaft? Was für einen Preis haben Sie für diese Momente gezahlt? Hat nicht gerade die Sucht nach diesen Momenten Sie so viel ertragen lassen? Wie lange hätten Sie so noch leben wollen/können?

Die Konsequenzen der Idealisierung

Es sind gerade die Phasen der Idealisierung, die Partner und Angehörige bei der Stange halten. Diese Phase ist extrem einflussreich und bewirkt immer wieder das Entstehen neuer Hoffnung und Zuversicht. Nur zu gern hat man den Betroffenen hier auf sein wahres Selbst festgelegt und die Abwertungsphasen als Ausrutscher, für die auch immer wieder Entschuldigungen oder Erklärungen gefunden wurden. Es ist sicher schwer, das so wahrzunehmen, aber so wenig wie Abwertungen real mit Ihnen zu tun hatten, so wenig real waren auch die Idealisierungen. Emotionale schmerzhafte Überflutungen erzeugen häufig abwertende Verhaltensweisen um innere Spannungen abzubauen. Ebenso führt das Wahrnehmen angenehmer Emotionen dazu, die daraus entstehende Dankbarkeit zu reflektieren und in Form von Idealisierungen weiterzugeben. Partner sind weder für die emotionale Überflutung im abwertenden noch im idealisierenden Sinn verantwortlich. Sie mögen der Auslöser sein, aber niemals die Ursache. Es fällt nicht leicht, diesen Zusammenhang zu akzeptieren, da aber die meisten Partner sich auch im Nachhinein an die verlorenen Idealisierungsphasen klammern, sollten Sie diese auch real einschätzen.

Eigene Anteile entdecken

Stellen Sie sich Ihren Selbstzweifeln. Häufig kommt die Frage auf, warum gerate immer ich an solche Partner? Hinterfragen Sie diesen Fakt. Beobachten Sie, welcher rote Faden sich durch all Ihre Beziehungen zieht. Welche Gemeinsamkeiten hatten Ihre Partner und was hat das mit Ihnen zu tun? Welche Grundannahmen haben Sie? Wie haben Sie sich als Kind wahrgenommen und die Beziehung Ihrer Eltern zueinander? Die Auseinandersetzung mit eigenen Anteilen ist mit Sicherheit eine der schmerzhaftesten Phasen in der Beziehungsverarbeitung. Hier sollen und müssen Verdrängungsmechanismen aufgedeckt und eigene Verhaltens- und Denkweisen hinterfragt werden. Die Erkenntnis, dass Sie die Verantwortung für sich tragen und niemand Sie misshandeln kann, wenn Sie es nicht zulassen, verunsichert und erzeugt Schamgefühle. Stellen Sie sich diesen inneren Auseinandersetzungen und suchen Sie sich professionelle Hilfe. Lernen Sie als erste Lektion, sich zu akzeptieren, mit all dem was Sie ausmacht.

Sie haben nicht ausreichend Grenzen gesetzt, Sie haben Fehler gemacht und das ist menschlich. Es gab einen Grund dafür, dass Sie sich so verhalten haben. Jetzt sind Sie an einem Punkt Ihres Lebens, der es Ihnen ermöglicht, klarer zu sehen und aus Vergangenem zu lernen. Fehler sind dazu da, sie zu machen, um an ihnen zu wachsen und zu lernen. Wer keine Fehler macht, bleibt stehen und entwickelt sich nicht. Es ist menschlich und ein Teil der Lebendigkeit, Fehler zu machen, verurteilen Sie sich also nicht dafür. Das so wahrzunehmen ist der wichtigste Schritt auf Ihrem neuen Weg, den Sie gehen müssen. Akzeptieren Sie sich also so, wie Sie sind! Auch wenn es notwendig ist, bewusst um den Verlust des Partners und den Hoffnungen an die Beziehung zu trauern, ist es doch auch wesentlich, hier dysfunktionale Verhaltensweisen zu unterbinden. Es ist sicher nötig, den ersten Schmerz gänzlich zuzulassen, sich zurückzuziehen und alle angestauten Emotionen herauszuweinen. Es ist aber ebenso wichtig, sich nicht dauerhaft in diesem Schmerz zu begraben. Suchen Sie Menschen auf, die Sie an Ihrem Erleben teilhaben lassen können. Da es für Außenstehende oft sehr schwer ist, Ihre Situation nachzuvollziehen, bemühen Sie sich, deren eventuell verständnislose Reaktionen zu verstehen und nicht als Ablehnung zu interpretieren. Schreiben Sie das, was Sie erlebt haben auf, erinnern Sie sich bewusst an einzelne Situationen und vermeiden Sie es dabei, Idealisierungsphasen dominieren zu lassen. Konzentrieren Sie sich auch ganz bewusst auf die Momente, in denen Sie Schmerz empfunden haben und hinterfragen Sie, was Ihnen in diesen Augenblicken gefehlt hat. Welche Gefühle waren bei Ihnen präsent und welche Ihrer Bedürfnisse wurden ignoriert. Lassen Sie beim Schreiben all Ihre Empfindungen zu und betrachten Sie diese mit Ihrem jetzigen Wissen und aus einem sicheren Abstand heraus. Malträtieren Sie sich nicht unnötig. Vermeiden Sie es, sich an Orte zu begeben, die Sie an Ihren Partner erinnern, wühlen Sie sich nicht durch Fotoalben und hören Sie keine Musik, die Ihnen das Herz zerreißt. Bewusst zu trauern heißt nicht, Leid zu manifestieren und das ist durchaus der Fall, wenn Sie es in dieser Form immer wieder provozieren. Für Ihr Gehirn ist es nicht erkennbar, ob die schmerzauslösenden Momente aus realem Erleben resultieren oder aus Erinnerungen. Es reagiert mit der Bildung neuronaler Verknüpfungen und festigt dabei die schmerzvolle Bindung, die Sie eigentlich hinter sich lassen wollen.

Abschied (Rituale und hilfreiche Verarbeitungsanregungen)

Der Prozess des Abschiednehmens ist besonders schwer und langwierig. Trennungen von Borderline-Persönlichkeiten sind meist hoch dramatisch, enden mit massiver Abwertung und Schuldzuweisungen. Unabhängig davon, wer von beiden Seiten die Beziehung gelöst hat, bleibt der Partner mit einem massiv angegriffenen Selbstwertgefühl und einer Unmenge an nicht verarbeiteten Erlebnissen zurück. Zu diesem Zeitpunkt das Verhalten der Borderline-Persönlichkeit zu verstehen, zu verzeihen und sich somit auf einen Ablösungsprozess einzulassen, ist kaum möglich. Zu tief sitzen die über einen längeren Zeitraum erfahrenen Verletzungen. Sich bewusst mit diesen auseinanderzusetzen, erfordert die Fähigkeit des Erkennens von Zusammenhängen, das Verstehen des Partners und der eigenen Verhaltensweisen. Solange dies nicht möglich ist, wird die Beziehung immer wieder gedanklich aktiviert und somit emotional präsent sein, was den Trennungsprozess erheblich erschweren kann. Wer kennt nicht die inneren Diskussionen, in denen man noch lange nach einer Begebenheit innerlich nach Entgegnungen sucht, das Gespräch immer wieder durchgeht, einzelne Aussagen hinterfragt, sich schuldig fühlt, wütend auf sich oder den anderen ist, allerdings ohne dabei zu einem hilfreichen Ergebnis zu kommen. Es ist eine Tatsache, dass derartige Begebenheiten in der Vergangenheit liegen. Sie haben keinen Einfluss mehr auf dieses Geschehen! Ihr Leben findet jetzt statt und zurückzublicken kostet viel Ihrer kostbaren Kraft, die Sie dringend benötigen, um nach vorn zu schauen. Suchen Sie sich Rituale, die es Ihnen ermöglichen, Abstand zu den verwirrenden Erinnerungen zu finden und gleichzeitig Nähe zu Ihrem verschütteten ICH ermöglichen.

Hier einige Möglichkeiten:

Die Mülleimer-Methode: Schreiben Sie etwas das Sie belastet auf ein Blatt Papier, gehen Sie zu einem Mülleimer und werfen Sie es hinein. Sie können das Blatt Papier dabei langsam zusammenknüllen oder auch in viele kleine Stücke zerreißen. Stellen Sie sich beim Hineinwerfen vor, dass Sie diese Erinnerung jetzt los sind. Fangen Sie mit ganz kleinen alltäglichen Dingen an, bei denen es Ihnen leicht fällt, nach dem Wegwerfen wirklich nicht mehr an das Aufgeschriebene zu denken. Steigern Sie sich mit der Zeit und entsorgen Sie erst kleine und später größere, quälende Gedanken, die Sie danach wirklich aus Ihrem Kopf verbannen. Was im Mülleimer gelandet ist, ist endgültig weg!

Durch Dankbarkeit: Machen Sie Frieden, mit dem was Sie sind und was Sie haben. Nehmen Sie sich abends kurz vor dem Einschlafen Zeit für eine Mini-Meditation zur Dankbarkeit. Machen Sie sich dabei bewusst, was es Sie an diesem Tag für schöne und angenehme Dinge erlebt haben. Das können und sollen auch Kleinigkeiten sein, die Ihnen Abwechslung, Entspannung oder Freude gebracht haben.

Abschiedsvisualisierung: Stellen Sie sich vor, dass Sie mit Ihrem verlorenen Partner an einer Straßengabelung stehen. Sie müssen in unterschiedliche Richtungen gehen. Verabschieden Sie sich liebevoll, danken Sie für die gemeinsame Zeit und lassen Sie Ihren Partner gehen. Sehen Sie ihm nach, wie er sich langsam immer mehr von Ihnen entfernt, immer kleiner wird und schließlich am Horizont entschwindet. Sie wissen, dass Ihr Weg den Sie jetzt vor sich haben zu einem Platz führt, an dem neue Menschen auf Sie warten, mit neuen schönen Erlebnissen. Stellen Sie sich diesen Film so oft vor wie Sie möchten und spüren Sie, wie dieses visualisierte Abschiednehmen Ihnen hilft, sich zu lösen.

Streicheleinheiten: Tun Sie sich etwas Gutes, Dinge, die Sie sich lange nicht gegönnt haben. Setzen Sie sich in Ihr Lieblingscafé, buchen Sie einen Kurzurlaub, gehen Sie aus, treffen Sie Menschen, kurz ... streicheln Sie Ihre Seele mit etwas, das ihr gut tut.

Mit einer Zeremonie: Rufen Sie sich vergangene, schmerzhafte Erlebnisse in Erinnerung und schließen Sie alle schwierigen Momente in Ihr Herz ein.

Für diese Zeremonie können Sie sich Kerzen oder Räucherstäbchen anzünden. Erleben Sie diese Zeremonie ganz bewusst und mit all Ihren Gefühlen. Erkennen Sie, dass Sie nun frei sein werden von Vergangenem. Ihre Tränen dürfen fließen und jeder Emotion darf Ausdruck verliehen werden (stampfen, Polster gegen das Bett schlagen, zeichnen, Briefe zerreißen – alles erlaubt!). Visualisieren Sie das Einschließen, stellen Sie sich vor, wie Sie die Erinnerung in ein kleines Fach Ihres Herzens legen und verschließen. Dies können Sie durchaus auch tatsächlich tun und all Ihre romantischen Erinnerungsstücke, Fotos, Karten u. ä. sorgsam in einem Kästchen verschließen. Wenn Sie fertig sind, pusten Sie die Kerze aus und atmen Sie ganz tief neue Lebensfreude ein.

Verzeihen Sie sich: Akzeptieren Sie, dass Sie Fehler gemacht haben und auch machen durften. Vergessen Sie dabei nicht, unter welchem Druck Sie gestanden haben und dass Sie viele Dinge nicht wussten. Visualisieren Sie einige Momente, die in Ihnen Schuldgefühle geweckt und hinterlassen haben und betrachten Sie diese mit dem Wissen, was Sie jetzt besitzen. Erlauben Sie sich dabei verletzlich und menschlich zu sein und anzuerkennen, dass Sie diese Fehler nicht aus Bösartigkeit begangen haben. Sagen Sie sich nach jeder Visualisierung laut: „Ich verzeihe mir."

Erinnerungen verändern: Dies ist eine kleine, aber sehr hilfreiche Übung aus dem Bereich der Neurolinguistischen Programmierung (NLP). Hier können Sie schmerzhafte Erinnerungen verändern, indem Sie gedanklich etwas hinzufügen.

1. Visualisieren Sie sich eine schmerzhafte Erinnerung, einen Streit oder ein Telefonat. Versuchen Sie, sich möglichst genau zu erinnern und dabei alle Sinneserinnerungen mit einzubeziehen. Machen Sie sich einen Film, sehen Sie dabei jedes Detail, versuchen Sie sich an Gerüche oder Töne zu erinnern. Fühlen Sie auch genau in sich, welche Emotionen Sie dabei wahrnehmen.

2. Fügen Sie jetzt in Gedanken eine bizarre Melodie in den Hintergrund ein. Das kann eine Trickfilm- oder Zirkusmusik sein, etwas, das zu der Situation in einem grotesken Gegensatz steht. Für eine Erinnerung, in der Sie beschimpft und abgewertet wurden, eignet sich z. B. sehr gut die Filmmusik von Tom und Jerry „Vielen Dank für die Blumen ...". Stellen Sie sich Ihren Film nun mit dieser Hintergrundmusik vor und achten Sie dabei wieder auf Ihre Empfindungen. Wiederholen Sie diese Übung bis Sie spüren können, dass der Schmerz nicht mehr so tief geht.

3. Lassen Sie nun wieder die Ursprungsversion Ihrer Erinnerung als Film vor Ihrem inneren Auge ablaufen und achten Sie auch jetzt ganz intensiv auf das, was Sie empfinden. Sie werden erstaunt sein, dass die schmerzhafte Assoziation nicht mehr die gleiche ist.

Schreiben Sie imaginäre Briefe: In Anlehnung an die Briefvorlagen von John Gray aus seinem Buch „Mars & Venus neu verliebt", stelle ich Ihnen nachfolgend Vorlagen zur Verfügung, die es Ihnen ermöglichen, Ihren Partner und auch die Beziehung aus einer anderen, hilfreichen Sicht wahrzunehmen. Nehmen Sie sich ausreichend Zeit und beginnen Sie damit, Ihrem ehemaligen Partner einen Brief zu schreiben. Stellen Sie sich beim Schreiben vor, dass dieser alles liest, was Sie schreiben.

Brief 1

Liebe(r) …
ich schreibe diesen Brief, weil es mir wichtig ist, über meine Wut, meine Traurigkeit und meine Angst zu sprechen und dich dabei um dein Verständnis zu bitten.
Im Augenblick fühle ich mich …
Ich bin wütend darüber, dass …
Ich bin wütend, weil …
Ich bin wütend, wenn …
Ich finde es nicht schön, dass …
Ich wünschte …
Ich bin traurig darüber, dass …
Ich bin traurig, weil …
Ich bin traurig, wenn …
Ich wollte …
Ich hätte erwartet …
Ich fürchte, dass …
Ich habe Angst, weil …
Ich habe Angst, wenn …
Ich möchte nicht …
Ich brauche …
Ich bedauere es, dass …
Ich fühle Bedauern, wie …
Ich fühle Bedauern, wenn …
Ich möchte …
Ich hoffe …
Ich danke Dir fürs Zuhören
In Liebe …

Brief 2

Formulieren Sie nun eine liebevolle Antwort. Versetzen Sie sich in die Rolle der Person, der Sie geschrieben haben und schreiben Sie die Antwort, die Sie hören möchten.

Liebe(r) ...
Danke ...
Ich verstehe jetzt ...
Es tut mir wirklich sehr leid, dass ...
Bitte verzeihe mir, dass ...
Ich möchte, dass Du weißt ...
Du verdienst es, ...
Ich möchte ...
In Liebe ...

Brief 3

Nachdem Sie die Reaktionen aufgeschrieben haben, die Ihnen den Eindruck geben, Unterstützung zu erhalten, ist es wichtig, positive Gefühle des Verzeihens, des Verständnisses, der Dankbarkeit und des Vertrauens zu äußern und zu bekräftigen.

Liebe(r) ...
Danke ...
Ich verstehe jetzt ...
Es ist mir klar, das ...
Ich weiß ...
Ich verzeihe ...
Ich bin dankbar für ...
Ich habe das Vertrauen, das ...
Ich bin gerade dabei ...
In Liebe ...

Sie werden spüren, wie hilfreich imaginäre Briefe, Visualisierungen, kleine Rituale oder Zeremonien sein können. Lassen Sie sich mit Ihrem ganzen Herzen darauf ein und spüren Sie auch ganz bewusst, wie schmerzhaft und tief Ihre Gefühle sind und auch, wie sie langsam nachlassen und dabei Empfindungen wie Erleichterung und Gelöstheit fühlbar werden. Auch wenn diese Gefühle nicht lange anhalten, sie werden sich immer öfter einstellen und es Ihnen mit der Zeit ermöglichen, wirklich loszulassen. Lernen Sie, auch wenn es zunächst kaum vorstellbar erscheint, sich in Liebe zu verabschieden. Es gibt sicher viele Momente für die Sie dankbar sein können und in dem Wissen, dass das Verhalten Ihres Partners von der Borderline-Störung geprägt und beeinflusst wurde, können Sie auch akzeptieren, dass er Ihnen persönlich nicht schaden oder weh tun wollte. Versuchen Sie, wenn es Ihnen möglich ist, zu verzeihen. Ihr Wissen um die Zusammenhänge wird es Ihnen ermöglichen, Verhaltensweisen nachzuvollziehen, die Last der übernommenen Schuld und Verantwortung abzulegen und sich zu lösen, für einen neuen Weg, neue Menschen und eine neue Beziehung.

Neubeginn

Ihr Leben wieder in die eigenen Hände zu nehmen beginnt bereits im Moment der Trennung. Das Durchschreiten der einzelnen Krisenphasen, das Verarbeiten von Erinnerungen, die Auseinandersetzung mit eigenen Anteilen, das Verstehen und Akzeptieren sind bereits Teil eines neuen Beginns. Es sind die ersten zaghaften Schritte auf Ihrem neuen Weg. Das Schwierigste an dieser Phase ist die eigene Ungeduld. Der Schmerz soll schnell aufhören, all die Emotionen, die als unangenehm empfunden werden, sollen aufhören. Es ist verführerisch, diese schnell wieder zu verdrängen. Vielleicht versuchen Sie, sich möglichst schnell in eine neue Beziehung zu stürzen, um Bestätigung zu finden, heilsame Wahrnehmung und Nähe, die Ihnen Ihre Angst und Trauer nimmt. Solange Sie jedoch innerlich verletzt sind, brauchen diese Wunden Schutz.

Ähnlich wie die offene Wunde, die zunächst einmal bandagiert werden muss, um zu heilen, braucht Ihre Seele eine Atempause. Sich ehrlich auf einen neuen Menschen einzulassen, heißt, sich ihm zu öffnen. Mit tiefen, inneren seelischen Verletzungen werden Sie das nicht können. Instinktiv werden Sie sich immer wieder einigeln und sich vor neuen Schmerzen schützen wollen. Das ist durchaus verständlich und nachvollziehbar, aber für das Gedeihen einer neuen Beziehung mehr als hinderlich. Lassen Sie sich Zeit. Setzen Sie sich intensiv mit dem auseinander, was Sie brauchen und finden Sie Strategien, die es Ihnen ermöglichen, Ihren Bedürfnissen zu entsprechen. Gehen Sie unter Menschen, suchen Sie Kontakte. Es sind mitunter die kleinen Berührungen mit ganz fremden Menschen, die bereits viel Nähe und Trost in sich tragen. Ein freundliches Gespräch mit einer Verkäuferin, ein paar nette Worte, ein Lächeln für einen Nachbarn. Sie werden verblüfft sein, wie gut Ihnen eine freundliche Resonanz tun wird. Es sind diese kleinen Sonnenstrahlen die mit der Zeit ganz behutsam Ihre Wunden heilen lassen.

Suchen Sie nicht nach einem Partner, der Ihnen den verlorenen ersetzen soll. Die extreme Emotionalität der ehemaligen Beziehung, die bedingungslose Verschmelzung, die Sie eventuell erfahren haben, kann und wird sich in einer „normalen" Beziehung nicht wiederholen. Denken Sie daran, dass eben die fehlende Identität Ihres Borderline-Partners ermöglicht hat, dass er sich zu Beginn Ihrer Beziehung ganz mit Ihrer Persönlichkeit verbinden konnte. Die erlebte Seelenverwandtschaft findet hier ihre Ursache. Bedauern Sie nicht, dass es Ihnen nicht möglich sein wird, diese positive Seite der Beziehung noch einmal zu erleben, freuen Sie sich, dass Sie eine derart tiefe emotionale Bindung erleben konnten und nehmen Sie diese Erkenntnis als eine der wertvollen Erinnerungen an diese Begegnung an.

Akzeptieren Sie auch, dass Sie diese Beziehung nie ganz hinter sich lassen werden. Immer wieder werden Sie sich durch Momente, die jenen ähnlich sind, die Sie mit Ihrem Borderline-Partner erlebt haben, erinnern. Anfangs werden Sie vielleicht selbst Verhaltensweisen zeigen, die Ihnen immer wieder verdeutlichen, dass Sie sich noch immer in einer Heilungsphase befinden. Das Kompliment eines anderen Menschen, zärtliche Zuwendung, liebevolle Worte können in Ihnen eher Angst auslösen als Freude. Lernen Sie sich zu verstehen, nehmen Sie an, dass viele Ihrer Reaktionen nun ebenfalls geprägt sind. Wenn Sie über einen längeren Zeitraum mit Idealisierung und Abwertung, intensiver Nähe und tiefer Distanz konfrontiert wurden, assoziieren Sie ebenfalls Liebe mit Schmerz. Verurteilen Sie sich nicht dafür, aber geben Sie sich Zeit, setzen Sie sich damit auseinander, hinterfragen Sie sich und lassen Sie jedes Gefühl zu. Ihre Seele kann und wird so heilen und letztendlich werden Sie Ihre Zeit mit Ihrem Borderline-Partner vielleicht als eine wertvolle Erfahrung verstehen, die es Ihnen ermöglicht hat, sich näher zu sein, als Sie es vor dieser Begegnung je waren.

10. Interview mit Alexa – 42 Jahre (ehemalige Partnerin)

M. R.: Wie hast du deinen Partner kennen gelernt und diese Zeit erlebt?

Alexa: *Wir haben uns im Internet kennen gelernt. Zunächst im Chat, nach ca. einer Woche haben wir dann telefoniert. Obwohl wir keinen persönlichen Kontakt hatten, entwickelten wir über das Telefon eine sehr intensive Zuneigung füreinander. Ich empfand diese Gespräche als extrem nah, er schien die Welt wie ich zu sehen und zu fühlen. Es war unglaublich. Ich war „süchtig" nach diesen Telefonaten und genoss diese eindringliche Nähe. Er gab mir wirklich das Gefühl, sehr wichtig für ihn zu sein, dieses Gefühl „ich bin du und du bist ich". In einer Mail schickte er mir den Song von Grönemeyer, Demo „..." „du bist mein siebter Sinn, mein doppelter Boden, mein zweites Gesicht" ..., „... „du bist eine kluge Prognose, das Prinzip Hoffnung, ein Leuchtstreifen aus der Nacht ...". Oh ja, das wollte ich, sein Prinzip Hoffnung sein. Er lebte zu diesem Zeitpunkt in Scheidung und litt sehr. Ich war voll Mitgefühl und habe gar nicht nachvollziehen können, wie man sich von einem so wundervollen Mann scheiden lassen kann. Seine erste Liebeserklärung schickte er mir per SMS, das hat mich etwas irritiert, wir hatten uns doch noch nie gesehen, aber es passte irgendwie. Alles war irgendwie anders mit ihm ...*

Innerhalb von nur 3 Wochen entwickelte sich eine sehr starke Bindung, die all meine Gedanken und Gefühle berührte. Es kam zu einem ersten Treffen und ich fühlte mich sehr geschmeichelt, dass er meinetwegen durch halb Deutschland fuhr, nur um die Frau aus dem Internet kennen zu lernen. Diese erste Begegnung war das intensivste Erlebnis, das ich je hatte. Wir trafen uns nicht in einem Café, sondern gleich in seinem Zimmer, und die erste Fremdheit verflog in dem Moment, wo ich seine vertraute Stimme hörte. Es war ein Wochenende voll Erotik, Zärtlichkeit und bedingungsloser Nähe. Nach dem Abschied hatte ich trotzdem ein ungutes Gefühl. Ich konnte mir das gar nicht erklären und habe es ignoriert. Es ging alles so rasend schnell und mit einer Intensität, die mich zwar verunsicherte, aber auch faszinierte.

M. R.: Wann hast du die ersten Probleme wahrgenommen?

Alexa: *Im Grunde genommen schon am Abend nach unserem ersten Wochenende. Seine SMS war sehr kurz und nicht mit der gleichen Emotionalität wie die bisherigen. Ganz deutlich wurde es mir aber beim* *nächsten Telefonat. Auf einmal war meine Rhetorik nicht mehr in Ordnung, das was ich sagte auch nicht ..., er bewertete und kritisierte meine Ansichten, da war auf einmal eine Distanz da, die ich gar nicht kannte, das machte mir Angst. Nach diesem intensiven, wunderschönen Wochenende hatte ich eher mit einer gefestigten Nähe gerechnet, aber nicht damit. Was dann folgte war für mich wirklich ein Horrortrip. Beschuldigungen und Anfeindungen. Eifersucht, für die es nicht den geringsten Grund gab. Er brach aus Nichtigkeiten innerhalb des ersten halben Jahres mehrfach die Beziehung ab, drohte mit Selbstmord. Einmal rief er mich in der Arbeit an, ich hatte gerade Dienst am Schalter und meinte, er fahre gerade auf der Autobahn und wolle nicht mehr leben. Das war furchtbar. Vor mir standen Kunden, ich fühlte mich so entsetzlich hilflos. Ein anderes Mal signalisierte er mir nur, wie schlecht es ihm geht und meldete sich dann wochenlang nicht, war auch nicht zu erreichen, so dass ich nicht einmal wusste, ob er noch lebte. Ich stand unter ständiger Hochspannung.*

M. R.: **Wie hast du seine Problematik erlebt?**

Alexa: *Er nahm Medikamente im Übermaß. Oft verfiel er aus tiefster Depression in blanke Euphorie. Seine Bulimie machte mir Sorgen, auch seine immer wiederkehrenden Gedanken an den Tod. Da kamen immer wieder mal Suizidgedanken, sein Hinweis auf den Vorrat an Medikamenten in seinem Keller, er ist Pharmareferent, hat mir viel Angst gemacht. Sie reichen aus, um sich 36-mal umzubringen, meinte er. Ständig hatte er neue Ziele und Pläne, von denen er aber nichts umsetzte. Einmal erzählte er mir, dass er den Freund seiner Frau umbringen will, er schien das auch schon genau geplant zu haben und ich hatte nicht den geringsten Zweifel, dass er es tun wird. Für mich war klar, dass ich, wenn ich nichts tun würde, ein Menschenleben auf dem Gewissen hätte. Damit hätte ich nicht leben können. Andererseits hatte ich auch Angst, ihn in Schwierigkeiten zu bringen, Himmel, ich war so verliebt und damit hätte ich ihn verloren. Ich war innerlich so furchtbar zerrissen, ich habe nicht geschlafen, konnte nicht arbeiten ... es war einfach furchtbar. Ich habe immer wieder versucht, Einfluss zu nehmen und letztendlich hat er sich dann von seinem Plan distanziert, aber diese Tage waren ganz furchtbar für mich.*
Wenn wir uns besonders nah waren und die Sehnsucht nach einander schon schmerzhaft war, provozierte er oft Streit. Er hat mich dann sehr oft beschimpft und so sehr ich mich auch bemüht habe, keine Anlässe für Komplikationen zu geben, er hat immer etwas gefunden, was er mir vorwerfen konnte.

M. R.: Hast du dein Verhalten ihm gegenüber während der Beziehung verändert?

Alexa: *Ja. Anfangs war ich noch sehr offen, voll Vertrauen. Mit der Zeit hatte ich nur noch Angst, ihn durch irgendetwas zu reizen. Ich wollte keinen Streit, ich wollte geliebt werden und lieben dürfen. Ich habe von einem Augenblick zum anderen gelebt. Meine Welt war in Ordnung wenn er sich mir zuwandte, wenn er auf Distanz ging, brach alles für mich zusammen. Ich hatte furchtbare Angst vor Streitigkeiten und den Konsequenzen, aber es war unmöglich sie zu vermeiden. Egal was ich tat, es war zu wenig oder zu viel. Einmal bat er mich mehr SMS zu schicken, was ich dann auch tat, dann kam der Vorwurf, dass sie nerven. Es war egal was ich tat, es war falsch.*

M. R: Kannst du konkret sagen, wie du dich in dieser Beziehung gefühlt hast?

Alexa: *Hilflos, einfach nur hilflos. Es war ganz wundervoll mit ihm zusammen zu sein, was wegen den äußeren Umständen sehr selten war. Diese Momente haben mich wirklich mit tiefster Verbundenheit und Zärtlichkeit überflutet. Das wollte ich behalten, ich hatte solche Angst, ihn zu verlieren. Angst, ja, ich glaube das war das Gefühl, das mich in dieser Zeit am meisten begleitete. Die Angst, dass ihm etwas passiert, dass ich ihn verliere, dass ich nicht genug für ihn tun kann. Ich war ständig in Aufruhr, bin nie wirklich zur Ruhe gekommen. Selbst wenn der Abend mit einem harmonischen Telefonat endete, ich wusste nie, was der Morgen bringt, alles war so schwankend, so unwirklich, nichts war stabil, nichts ...*

M. R.: Warst du glücklich in dieser Beziehung?

Alexa: *Jein. Ich hab mich selten in meinem Leben so einsam und verloren gefühlt, so wertlos. Andererseits aber auch noch nie so verbunden mit einem Menschen. Die wenigen glücklichen Momente waren wie ein Rausch.*

M. R.: Warum hast du dich aus dieser Beziehung nicht gelöst, wenn sie dir nicht gut getan hat?

Alexa: *Ich habe es versucht. Anfangs habe ich noch gekämpft, wenn er sich abgewandt hat, später habe ich nur noch akzeptiert, wenn er die Trennung aussprach. Er kam auch wieder und ging wieder und kam wieder ..., ich habe lange nicht nein sagen können.*

M. R.: Wie lange hast du versucht, diese Beziehung zu halten?

Alexa: *Es fällt mir richtig schwer, diese Frage zu beantworten, denn im Grunde gab es ja gar keine „richtige Beziehung". Es gab eine sehr intensive Zeit des Kennenlernens und danach immer wieder Brüche und wochen- bzw. monatelange Pausen. Einmal noch ein sehr intensives Treffen nach einem Jahr, was aber die gleichen Konflikte nach sich zog. Immerhin war mir zu diesem Zeitpunkt schon bewusster, dass meine Hoffnungen reine Illusion waren. Es gab und gibt auch immer noch kurze Kontakte ... aber das „Ende" der Beziehung, also das wirkliche Lösen und Akzeptieren, der Moment in dem ich dann sagen konnte NEIN, es wird für mich kein Zurück mehr geben, das hat gut 1½ Jahre gedauert.*

M. R.: Wie siehst du das, was du erlebt hast im Nachhinein?

Alexa: *Ich war nach der 3. Trennung ein richtiges Wrack, fast teilnahmslos, kaum noch zu einer Reaktion fähig, innerlich wie ausgebrannt. Ich habe in dieser Zeit viele Dinge getan, die mir gar nicht entsprachen. Habe Affären gehabt, Zuwendung gesucht, wollte einfach nur aufgefangen werden. Das war völlig kaputt. Ich konnte mich nicht verlieben, habe in jedem Mann nur ihn gesucht, immer gehofft und gewartet, da war so ein grenzenloses Gefühl von Einsamkeit. Trotzdem sehe ich es mittlerweile als ein Geschenk, diesem Mann begegnet zu sein. Durch ihn habe ich viel gelernt, meine Welt hat sich verändert. Ich war gezwungen, meine Werte zu hinterfragen, dem nachzugehen, warum lasse ich das zu, warum setze ich keine Grenzen. Ich hab Fragen gestellt und den Mut gehabt, nach Antworten zu suchen. Sie haben mir nicht immer gefallen, aber sie haben mir das Leben in einer Art wiedergegeben, wie ich es vor dieser Begegnung nicht kannte. Meine Anteile zu finden war mir sehr wichtig.*

M. R.: Was waren denn deine Anteile?

Alexa: *Meine bedingungslose Anpassungssucht und die geringe Meinung, die ich von mir selbst hatte. Die Angst, nicht gut genug zu sein, mir Liebe verdienen zu müssen. Ich habe jede Menge bedenkliche Ansichten bei mir entdeckt, die viel mit meinem Erleben als Kind und Jugendliche zu tun hatten. Dieses "liebevolle Hassen" war mir vertraut, auch die Abwertung und die Signale, dass ich nicht o.k. bin, wie ich bin. Mein größter Fehler war wohl, dass ich keine, aber wirklich keine Grenzen gesetzt habe. Ich hab nicht auf mich geachtet. Meine zaghaften ersten Versuche habe ich schnell aufgegeben,*

als ich gesehen habe, welche Konsequenzen es hat, wenn ich versu-
che meine Bedürfnisse anzubringen. Ich habe mich dann von meiner
Angst beherrschen lassen und mich im Grunde genommen selbst
emotional erpresst. Dazu kam dann noch, dass ich nicht in der Lage
war, mich selbst zu verstehen und zu akzeptieren, dadurch fehlte
mir auch eine wirkliche Chance, ihn wahrzunehmen. Da ich es nicht
besser wusste, habe ich auch viel interpretiert und die Gegebenhei-
ten so gewertet, wie ich glaubte, dass sie mir entsprechen.

M. R.: **Was konkret hat dir geholfen, das alles zu verstehen und zu**
verarbeiten?

Alexa: *Zum einen eine psychologische Ausbildung. Ich wollte den Dingen auf*
den Grund gehen und verstehen ... auch ihn. Ich habe Hilfe gesucht
und gefunden, bei Freunden und Kollegen. Der Begriff „Borderline"
trat erst in meine Leben, als diese Beziehung schon beendet war,
ich hatte keine Ahnung von dieser Erkrankung und war regelrecht
schockiert, als ich ihn in den Kriterien entdeckte. Auf einmal erklärte
sich vieles, was mir völlig unverständlich war, all die Gegensätze,
diese Zerrissenheit, die Angst. Ich habe dadurch auch aufgehört, mir
für alles die Verantwortung zuzuschreiben, habe mich von meinen
Schuldgefühlen gelöst und auch von der Mischung zwischen Liebe
und Wut auf diesen Mann. Zunächst habe ich erst einmal lernen
müssen, überhaupt Wut zuzulassen und von dieser notorischen Su-
che nach Entschuldigungen für sein Verhalten loszukommen. Dass
er mich nicht vorsätzlich verletzen wollte, war ein kleiner Trost für
mich. Wirklich geholfen hat mir dann aber die Begegnung mit ei-
nem Mann, der sich mit viel Geduld und Liebe um mich bemühte. Er
hat mich so angenommen wie ich bin, es gab keinen Druck, keine
Manipulationen, es war o.k., wenn ich fühlte, wie ich fühlte. Es hat
sehr lange gedauert, bis ich das annehmen und noch länger, bis ich
es erwidern konnte. Dass er so stabil war, hat mich lange irritiert.
Wenn er abends sagte, dass er mich liebt, dann war das auch noch
am nächsten Morgen so, das war für mich ungewöhnlich. Wie tief
die Verletzungen gingen, habe ich vor allem daran gemerkt, dass
ich in vielem eine Bedrohung gesehen habe, nichts geglaubt habe,
alles hinterfragte und es nicht fertig brachte, ihm zu vertrauen. Ich
habe es ihm nicht leicht gemacht, aber inzwischen ist es die harmo-
nische Beziehung, die ich mir immer gewünscht habe und ich bin
sehr dankbar, dass ich es so annehmen und erleben kann. Auch das
wäre mir ohne diese ehemalige komplizierte Bindung nicht möglich
gewesen. Heute kann ich mit Dankbarkeit darauf zurücksehen, es

war eine mehr als schmerzhafte Lektion, sie hat mich völlig aus der Bahn geworfen, aber ohne diese Erfahrung wäre ich nie gezwungen gewesen, mich selbst zu hinterfragen. Dass ich in dieser chancenlosen Liebe eine wirkliche Ressource für mich entdeckt habe, war eine der wichtigsten Erfahrungen in meinem Leben. Nicht nur auf die Thematik Borderline bezogen, sondern auch ganz allgemein, Liebe in sich zu behalten, sie zuzulassen und nicht zu verdrängen, nur weil sie ohne Resonanz bleibt. Ich bin an dieser Beziehung gewachsen und das ist etwas sehr Schönes, das mir geblieben ist ...

11. Schlusswort

Wenn Sie sich durch dieses Buch hindurchgearbeitet haben, werden Sie vielleicht von der Flut an Informationen verwirrt sein. Erste Versuche im Umgang mit der Gewaltfreien Kommunikation sind vielleicht nicht so verlaufen, wie Sie es sich gewünscht hätten. In sich hineinzufühlen und gleichzeitig auf andere zu achten, kongruent zu sein, jahrzehntelange Denk- und Verhaltensmuster zu kontrollieren und zum Teil zu verändern, ist sehr schwer, schwerer, als Sie es sich vorgestellt haben. Aber es geht nicht darum, all die in diesem Buch vorgestellten Möglichkeiten perfekt umzusetzen. Lassen Sie immer wieder kleine Details in Ihre Kommunikation einfließen. Mit der Zeit werden Sie diese ebenso wenig hinterfragen und mit Aufmerksamkeit bedenken müssen, wie Sie es mit Ihren bisherigen dysfunktionalen Mustern getan haben. Erweitern Sie Ihre Fähigkeiten Schritt für Schritt. Lesen Sie immer wieder nach, hinterfragen Sie sich, üben Sie und die ersten Resultate werden Sie für Ihre Mühe reichlich belohnen. Nicht nur im Rahmen Ihrer Beziehung zu einem Betroffenen, sondern zu Ihrem gesamten Umfeld, zu Freunden, Kollegen und Menschen, die mit Ihnen in Kontakt kommen. Machen Sie sich immer wieder bewusst, dass Kommunikationstechniken allein, auch wenn sie noch so logisch strukturiert und verständlich sind, ohne eine stetige innere Selbstwahrnehmung wirkungslos bleiben. Erst die Übereinstimmung innerer Anteile mit den nach außen weitergegebenen Signalen, ermöglicht eine kongruente, wirkungsvolle Verständigung. Das macht verbindende Kommunikation so anstrengend, denn wir verändern uns ständig. Lebendigkeit ist andauernde Bewegung, die uns auch immer wieder mit neuen, auch ängstigenden Emotionen konfrontiert. Den Mut zu finden sich darauf einzulassen, sich dabei selbst wahr- und anzunehmen, ist die Basis für das Annehmen anderer und letztendlich auch für einen verbindenden Kontakt.

Es kann ein großes Geschenk sein, einem Menschen zu begegnen, der uns unsere eigene Instabilität vor Augen führt, der uns unsere Werte hinterfragen lässt und uns zwingt, aus dem übrig bleibenden Schutthaufen etwas Neues aufzubauen und es liegt ganz allein bei uns, diese Chance zu ergreifen.

Ich wünsche Ihnen von Herzen viel Kraft und Erfolg dabei.

Manuela Rösel

Danksagungen

Ich danke allen, die mich in meiner Arbeit unterstützt haben und mir Mut und Kraft gegeben haben, dieses Buch zu schreiben.

Mein ganz besonderer Dank gilt:

Thomas B.-M., der mir eine Chance geschenkt hat, die ich ohne ihn nicht wahrgenommen hätte; Dr. Björn Migge, der mir ein wunderbarer Lehrer war, mich auf einem schwierigen Weg begleitete und mit seiner Kompetenz unterstützte; Patrick Muley, der mir ein perfekter Coach war, jeden noch so kleinen Zweifel ausräumte und immer an mich glaubte; Nicole Fecke, die mir in Krisenzeiten viel Trost und Zuwendung schenkte; Dagmar Reimann, die mir sowohl als Kollegin, wie auch als Freundin, immer mit Rat und Tat zur Seite steht; Rudolf Rösel, der mir sehr, sehr viel Geduld und Toleranz schenkte; Dr. Marshall Rosenberg, der mir zeigte, wie heilsam Empathie sein kann und wie eindrucks- und wirkungsvoll sich Kommunikation gestalten kann sowie ...

all meinen Klienten und Klientinnen, die mich daran teilhaben ließen, wie sehr sich ihr Leben durch unsere gemeinsame Arbeit verändert hat ...

Hilfreiche Internet-Adressen zur Selbsthilfe

http://www.das-beratungsnetz.de: Eine Art Kontaktbörse für verschiedene Hilfs- und Beratungsprojekte bietet das Beratungsnetz. Hier findet man u. a. Chats und Foren, aber auch direkte Beratungsmöglichkeiten von psychotherapeutisch geschulten Experten, die in einer akuten Krisensituation zur Seite stehen.

http://www.selbstmordforum.de: Diese moderierte Seite enthält auch eine sehr gut sortierte bundesweite Liste von Anlaufstellen für Menschen in Krisen.

http://www.neuhland.de: Eine hilfreiche Seite über Jugendsuizid mit vielen Informationen und Hilfsangeboten in Berlin.

http://www.kummernetz.de: Hier finden Erwachsene, Jugendliche und Kinder Hilfe, die bei Kummer, Krisen und Lebensproblemen Austausch und erste Hilfe suchen, aber auch Menschen, die helfen, unterstützen und ermutigen wollen.

http://www.kinderundjugendtelefon.de: Die BundesArbeitsGemeinschaft Kinder- und Jugendtelefon e.V. (BAG) ist die bundesweite Dachorganisation der Kinder- und Jugendtelefone in Deutschland.

Die Telefonseelsorge (www.telefonseelsorge.de): Hier finden Sie ausgebildete Laien oder auch Fachleute, die mit einer Vielzahl von Problemen vertraut sind. In der Regel stehen Ihnen diese Mitarbeiter rund um die Uhr zur Verfügung. Hier besteht auch die Möglichkeit zu einem brieflichen Kontakt, wenn Ihnen nicht nach Reden zumute sein sollte (Briefseelsorge). Das Angebot der Telefonseelsorge ist kostenlos und anonym! **Die Nummern der Telefonseelsorge in Deutschland: 0800 1 11 01 11 und 0800 1 11 02 22**

Für **Kinder- und Jugendliche** gibt es wochentags zwischen 15 und 19 Uhr ein bundesweites Kinder- und Jugendtelefon unter: **0800-111 0 333**

Schuldnerberatungsstellen (www.krisen-intervention.de/suizisch.html): Wenn Sie in eine (oder mehrere) der vielen Schuldenfallen geraten sind und keinen Weg herausfinden, dann finden Sie hier die richtigen Ansprechpartner. Schuldnerberatungen gibt es in jeder größeren Stadt.

Selbsthilfegruppen (www.krisen-intervention.de/suizishg.html): Bieten mehr, als die Chance zum Austausch. Zu sehen und zu spüren, dass andere Menschen in ähnlichen Problemen gefangen sind. Selbsthilfegruppen bieten Hilfe zur Selbsthilfe. Fortschritte einzelner machen Mut und zeigen, dass jeder eine Chance hat, seine Probleme in den Griff zu bekommen.

Kompetente und zielgerichtete Partner- und Angehörigenberatung von Borderline-Persönlichkeiten (www.mr-coaching.de): Hier finden Sie fachkundige und individuelle Hilfe im Bereich der Selbstwahrnehmung. Im Zusammenhang mit Kommunikationstrainings und hilfreichen Bewältigungsstrategien wird der Aufbau einer eigener Stabilität ermöglicht, so dass sich der Umgang mit Krisen konstruktiver gestalten kann. **Tel.: (030) 27 57 19 21**

Quellenverweis

- Paul T. Mason/Randi Kreger: **„Schluss mit dem Eiertanz"**. Ein Ratgeber für Angehörige von Menschen mit Borderline
- Jerold J. Kreismann, Hal Straus: **„Ich hasse dich – verlass mich nicht"**. Die schwarzweiße Welt der Borderline-Persönlichkeit
- Dr. phil. Dr. med. Günter Niklewski, Dr. phil. Rose Riecke-Niklewski: **„Leben mit einer Borderline-Störung"**
- Susan Forward/Donna Frazier: **„Emotionale Erpressung"**. Wenn andere mit Gefühlen drohen
- Marshall B. Rosenberg: **„Gewaltfreie Kommunikation"**. Eine Sprache des Lebens
- Andreas Knuf und Christiane Tilly: **„Borderline: Das Selbsthilfebuch"**
- John Gray: **„Mars & Venus neu verliebt"**
- Erich Fromm: **„Die Kunst des Liebens"**
- Erich Fromm: **„Anatomie der menschlichen Destruktivität"**
- Peter Schellenbaum: **„Das Nein in der Liebe"**
- Lehrmaterial der ILS, von Dr. Björn Migge

Empfehlenswerte Literatur

Manuela Rösel
Wie der Falter in das Licht - Selbstakzeptanz in der Borderline-Beziehung
Starks-Sture Verlag, ISBN 978-3-939586-02-9

Paul T. Mason/Randi Kreger
Schluss mit dem Eiertanz – Ein Ratgeber für Angehörige von Menschen mit
Borderline. Psychiatrie Verlag, ISBN: 3-88414-337-9

Dr. phil. Dr. med. Günter Niklewski/Dr. phil. Rose Riecke-Niklewski
Leben mit einer Borderline-Störung. Trias Verlag, ISBN: 3-8304-3111-2

Susan Forward/Donna Frazier
Marshall B. Rosenberg
Emotionale Erpressung - Wenn andere mit Gefühlen drohen
Goldmann Verlag, ISBN: 3-442-15089-2

Marshall M. Rosenberg
Gewaltfreie Kommunikation
Eine Sprache des Lebens
Junfermann Verlag, ISBN: 3-87387-454-7

Autorenangaben

Manuela Rösel

geb. 1961 in Berlin
verheiratet, 2 Kinder
Examen im Bereich Pädagogik und Psychologie
Zertifizierte Begleiterin von Menschen in
Krisensituationen
Psychologische Beraterin – Diplom ILS Hamburg

Schwerpunktarbeit:
✓ Konfliktmanagement und Kommunikation in allen Lebensbereichen
✓ Selbstwahrnehmung, Kommunikations- und Verhaltenstraining für Borderline-Partner und -Angehörige

Im Rahmen einer selbstständigen Tätigkeit biete ich in meiner Praxis in Berlin-Friedrichshain neben individuellen Beratungen auch Seminare zur Thematik an. Im Rahmen einer Selbsthilfegruppe begleite ich wertvollen Erfahrungsaustausch und gehe dabei gezielt auf die Probleme und Fragen der Teilnehmer ein. Sollten Sie Interesse an einer Beratung, einem Seminar oder der Selbsthilfegruppe haben, oder auch einen speziellen Mail-Service nutzen wollen, dann erreichen Sie mich im Internet unter:

www.mr-coaching.de
info@mr-coaching.de

oder direkt in meiner Praxis:
Coaching und Beratung – Manuela Rösel
Mainzer Str. 25 – Gartenhaus
10247 Berlin–Friedrichshain
Tel.: 030/27 57 19 21

Neuerscheinungen zum Thema Borderline im Starks-Sture Verlag:

Mit zerbrochenen Flügeln
– Kinder in Borderline-Beziehungen –
Manuela Rösel, 168 Seiten, broschiert
ISBN 978-3-939586-09-8, 16,90 €

Manuela Rösel ist als psychologische Beraterin in Berlin tätig und Autorin des Bestsellers „Wenn lieben weh tut". Sie beschäftigt sich in ihrem neuen Buch mit der zerstörerischen, oft leisen emotionalen Misshandlung, der Kinder in Borderline-Beziehungen ausgesetzt sind. Wie erfolgt sie, welche sichtbaren und auch unsichtbaren Spuren hinterlässt sie? Was genau macht sie aus, warum wird Kindern so etwas angetan? Und wie werden ihre Seelen durch diese Misshandlung zerbrochen? „Mit zerbrochenen Flügeln" zeigt in typischen Fallbeispielen die Konsequenzen für das Leben des Kindes. Menschen, die in einer Borderline-Beziehung aufgewachsen sind, finden sich in Details ihrer eigenen Geschichte wieder und erfahren, dass sie für die erlittenen Misshandlungen nicht verantwortlich sind. Ein unbedingtes Muss auch für Menschen in helfenden Berufen, die diesen Kindern zur Seite stehen, und eine hilfreiche Quelle des Verstehens für Anwälte, Verfahrenspfleger und Richter mit entsprechenden Sorgerechtsfällen. Auf jeden Fall aber auch ein geeignetes Buch für Angehörige, die ihre Borderline-Partner besser verstehen wollen. Damit Flügel nicht mehr zerbrochen werden.

Ausbruch einer Borderlinerin
– Eine Frau gibt Hoffnung ... –
Tanja Rieder, 96 Seiten, broschiert
ISBN 978-3-939586-10-4, 13,80 €

Tanja Rieder, damals 26 Jahre alt, Ehefrau und zweifache Mutter, erhält die Diagnose Borderline-Persönlichkeitsstörung. Geprägt von inneren Spannungen, extremen Stimmungsschwankungen, schweren Depressionen bis hin zu Selbstverletzungen, wirken ihre Verhaltensmuster, wie die anderer Betroffener, oftmals paradox. Rückblickend schildert die Autorin ihre Erlebnisse und Erfahrungen mit dem Borderline-Syndrom, die sie selbst und ihre sozialen Beziehungen beinahe zerstörten. Sehr persönlich beschreibt Frau Rieder die Höhen und Tiefen der Krankheit, den langen Leidensweg, den sie und ihre Angehörigen seit ihrer frühen Jugend gehen mussten - und die ersten Schritte in ein normales Leben. Den schwierigen Ausbruch aus ihrer Krankheit dokumentieren Tagebucheinträge, Briefe Angehöriger und Gutachten ihres langjährigen Psychiaters. Ziel der Autorin ist es, andere Betroffene zu ermutigen, sich mit ihrer Krankheit auseinanderzusetzen und zu lernen, damit umzugehen. Das Buch soll Mut machen und Betroffenen dabei helfen, sich selbst besser zu verstehen. Tanja Rieders autobiographische Erzählung ist ein schonungsloser Selbsterfahrungsbericht über eine zerstörerische Krankheit. Doch nicht zuletzt gibt sie Hoffnung, der Borderline-Spirale zu entkommen. Dies ist die Geschichte einer Frau, die es geschafft hat!

Weitere Titel zum Thema Borderline im Starks-Sture Verlag:

„Wie der Falter in das Licht"
– Selbstakzeptanz in der Borderline-Beziehung –
Manuela Rösel, 160 Seiten, broschiert
ISBN 978-3-939586-02-9, 16,90 €

Partner, die eine Beziehung mit einer Borderline-Persönlichkeit führen, sind immer großem Druck, emotionalen Belastungen und einem Wechselbad der Gefühle ausgesetzt. Sie leiden fortwährend unter einem Symptom dieser Störung, in unangemessenem Maße idealisiert und dann wieder abgewertet zu werden. Manuela Rösel, die Autorin des Bestsellers „Wenn lieben weh tut", zeigt nun in diesem neuen Selbsthilfe-Buch auf, wie sich die Partner durch Selbstakzeptanz stärken können. Sie analysiert typische Fallbeispiele und belegt dabei, dass es immer wiederkehrende Muster gibt, die einen Menschen in der Borderline-Beziehung hilflos verharren lassen. Manuela Rösel beschreibt zudem effektive Lösungsmöglichkeiten, die betroffene Partner sofort und einfach umsetzen können. „Wie der Falter in das Licht" ist für alle Borderline-Angehörigen ein Muss und auch zur Aufarbeitung einer bereits beendeten Beziehung sehr geeignet.

„Lieben leicht gemacht"
– Ein Kartenset zu den Themen
Selbstwahrnehmung, Konflikten und Beziehungen –
Manuela Rösel, ISBN 978-3-839586-07-4,
140 Bedürfniskarten, 4 Gefühlsauflistungen,
Begleitbuch, 29,90 €

Missverständnisse und Probleme in Beziehungen entstehen, weil wir nicht angemessen miteinander kommunizieren. Wir erwarten vom Partner, dass er unsere Bedürfnisse, sogar unausgesprochene, erfüllt. Die Folgen sind Enttäuschung und Frustration im Umgang miteinander. Um eine erfüllte Beziehung zu führen, ist es wichtig, wieder zum eigenen Selbst und den persönlichen Werten zu finden sowie der Falle gegenseitiger Schuldzuweisungen zu entfliehen. Voraussetzung dafür sind das Erkennen und Achten unserer eigenen Bedürfnisse und Gefühle. Erst, wenn wir diese wahrnehmen und anerkennen, werden wir auch die unseres Partners annehmen können und in der Lage sein, eine befriedigende Beziehung zu leben. Manuela Rösel gibt, inspiriert von Marshall M. Rosenberg, Tipps und Einsichten aus ihrer praktischen Arbeit. Mit dem von ihr entwickelten und in der Praxis erfolgreich erprobten Kartenset erhalten Sie wertvolle Erkenntnisse darüber, was Ihnen und Ihrem Partner wirklich wichtig ist. Sie lernen einen behutsamen Umgang mit sich selbst und Ihrem Partner mit dem Ziel des gegenseitigen Verstehens und gemeinsamen Wachsens. Das Kartenset werden Sie immer wieder verwenden können! Egal, ob Sie sich oder Ihren Partner besser verstehen und kennenlernen wollen oder für Konflikte mit sich oder anderen Lösungen suchen. Hier finden Sie ein hilfreiches Werkzeug.

„Partnerbeziehung als Brutstätte von Borderline"
– Borderline-Persönlichkeiten und
das Leid ihrer Helfershelfer –
Sonja Szomoru, 120 Seiten, broschiert
ISBN 3-9809496-0-5, 12,90 €

Die Borderline-Persönlichkeitsstörung tritt zunehmend in das Interesse der Öffentlichkeit. Trotz vermehrter Presseberichte bleibt das Thema für die meisten jedoch weiterhin in einem diffusen Licht von aggressivem oder autoaggressivem Verhalten Betroffener. Das große Leid von Menschen mit der Borderline-Persönlichkeitsstörung und vor allem von deren Angehörigen ist aber weitgehend unbeachtet. In diesem Buch wird äußerst feinfühlig auf die Problematik dieser psychischen Störung und die negativen Auswirkungen auf die Bezugspartner eingegangen. Besonderes Augenmerk wird auf die Verhaltensweisen der betroffenen Angehörigen gerichtet, denn diese tragen ebenso ihren Teil zum Ausbruch dieser Störung bei. Für jeden Leser eine aufschlussreiche Lektüre zum Thema und für manchen Partner von Menschen mit der Borderline-Persönlichkeitsstörung vielleicht eine Offenbarung!

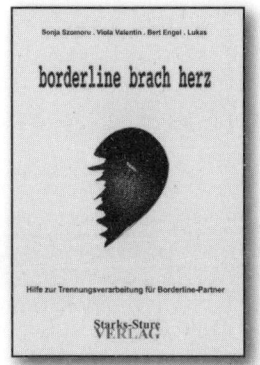

„borderline brach herz"
– Hilfe zur Trennungsverarbeitung
für Borderline-Partner –
S. Szomoru u. a., 120 Seiten, broschiert
ISBN 3-9809496-5-6, 12,90 €

„borderline brach herz" richtet sich an Partnerinnen und Partner von Borderline-Persönlichkeiten, die den Wunsch haben, ihre Beziehung zu beenden oder sich bereits getrennt haben und unter dem Schmerz des Auseinandergehens leiden. Das Buch hat das Ziel, die Trennungsverarbeitung zu erleichtern. Im Vergleich zu den Problemen, die schon eine „normale" Trennung mit sich bringt, ist der Abschied von einer Borderline-Beziehung um ein Vielfaches schwieriger, da die Betroffenen nicht selten traumatisiert aus der Beziehung gehen. Dieser Ratgeber dient dazu, die vergangene Beziehung zu einer Borderline-Partnerin/zu einem Borderline-Partner leichter aufzuarbeiten und bietet einen allgemeinen Überblick zu der Persönlichkeitsstörung, Trost und nützliche Tipps. Besonders hilfreich sind mehrere Fallbeispiele aus der Sicht von Betroffenen, die viele interessante Gemeinsamkeiten aufweisen. Im Mittelpunkt steht das Ziel, den außergewöhnlichen Trennungsschmerz zu lindern, um wieder frei und unbelastet das eigene Leben in die Hand zu nehmen.

„Wer einmal schlägt, wird's wieder tun"
– Gewalt und Co-Abhängigkeit in Beziehungen –
S. Szomoru, 120 Seiten, broschiert,
ISBN 3-9809496-8-0, 12,90 €

„Wer einmal schlägt, wird's wieder tun" richtet sich an Partnerinnen und Partner, die in einer Beziehung leben, die von häuslicher Gewalt geprägt ist. Trotz Aufklärung, Emanzipation und dem scheinbar freiheitlichen Denken unserer heutigen Gesellschaft, spielt sich hinter verschlossenen Türen eine erschreckend hohe Zahl an gewalttätigen Dramen ab. Alle gesellschaftlichen Schichten sind betroffen und es scheint, dass sich in Deutschland dieses Thema zu einem Tabu entwickelt hat, denn alle verschließen davor die Augen.

Besonders Betroffene sind von Scham- und Angstgefühlen überwältigt und geraten mit der Zeit in einen Teufelskreis, indem die Hilflosigkeit immer größer wird. Das Buch „Wer einmal schlägt, wird's wieder tun" richtet sich an Partnerinnen und Partner, die in einer Beziehung leben, die von häuslicher Gewalt geprägt ist und die einen Ausweg aus dieser destruktiven Situation suchen. Es bietet Aufklärung zum Thema häusliche Gewalt und fördert das Verständnis für sich selbst und gibt somit Hilfsangebote, sich aus der Gewalt zu lösen.

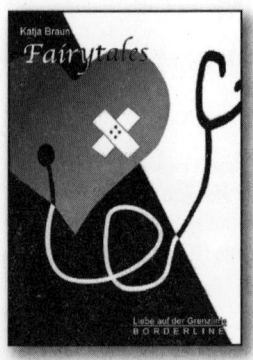

Fairytales
– Liebe auf der Grenzlinie Borderline –
Katja Braun, 140 Seiten, broschiert
ISBN 978-3-939586-05-0, 14,80 €

Als Carina Rian kennen lernte, sah alles so aus, als sei es Vorsehung gewesen. So, als hätten zwei Seelenverwandte sich endlich gefunden! Doch schon sehr bald kamen ein paar seltsame Verhaltensweisen zum Vorschein, die ihr zu denken gaben: Rian liebte zu viel! Für Carina begann eine Zeit von quälendem Hin-und Hergerissensein zwischen Unverständnis und der großen Frage nach dem WARUM!? Würde sie Rian fortan wieder normal entgegentreten können ohne Wut, Trauer, Enttäuschung und auch ohne Hoffnung? Die Antwort liegt nicht immer leicht auf der Hand. Wenn ihre Vermutung stimmte und sie sich doch in ihm geirrt hatte, dann beruhte ihre Liebesgeschichte vielleicht doch nur auf F a i r y t a l e s ...

Alle Titel lieferbar über den Buchhandel oder direkt vom Verlag
Portofrei und gegen Rechnung unter bestellung@starks-sture-verlag
Starks-Sture Verlag, Elsässer Straße 24, 81667 München
www.starks-sture-verlag.de